ちくま学芸文庫

暗殺者教国

岩村 忍

筑摩書房

宮廷風景（インド・モグール朝写本）

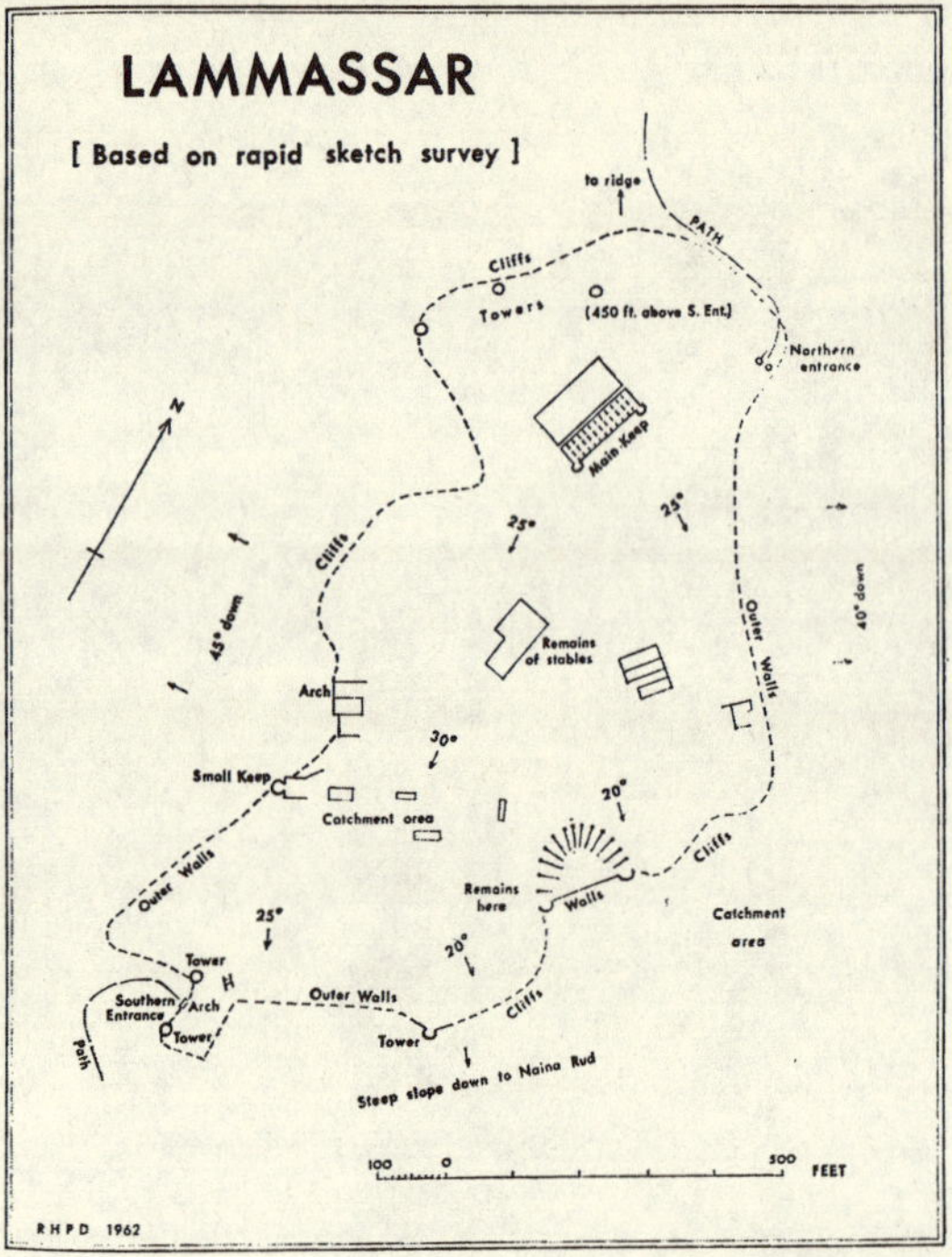

ラミアッサール城蹟見取り図

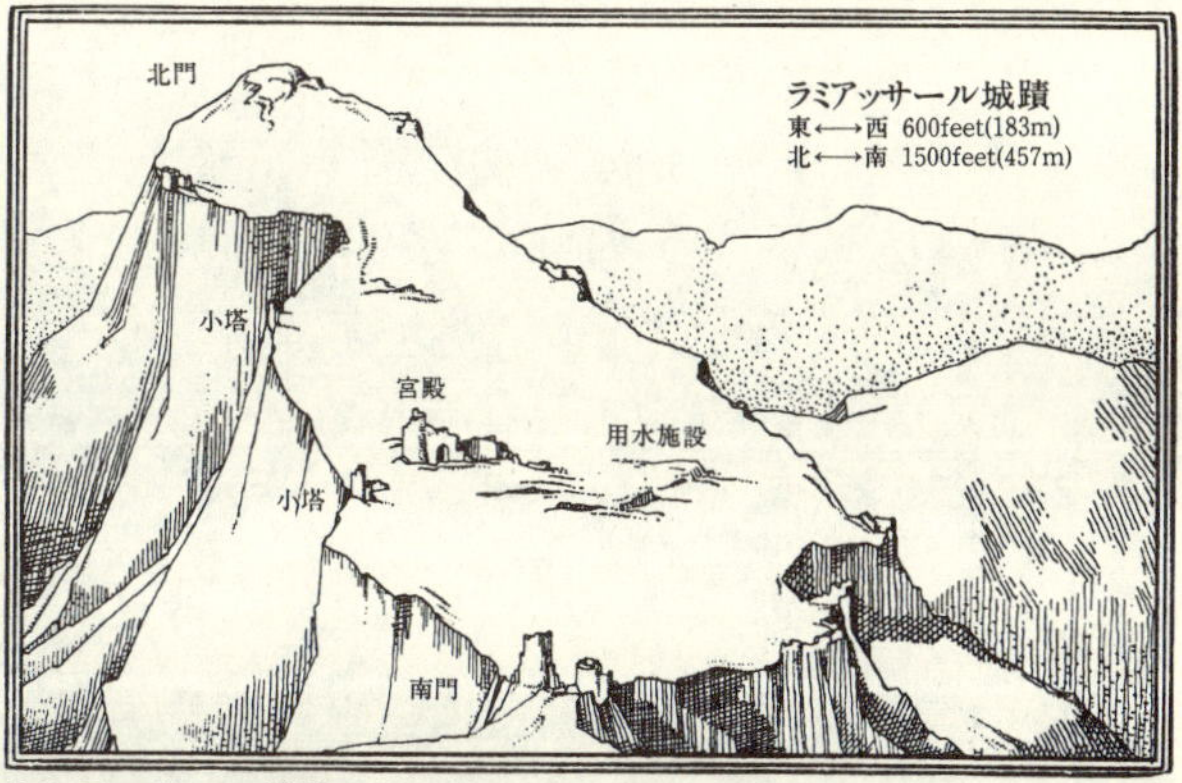

ラミアッサール城蹟スケッチ

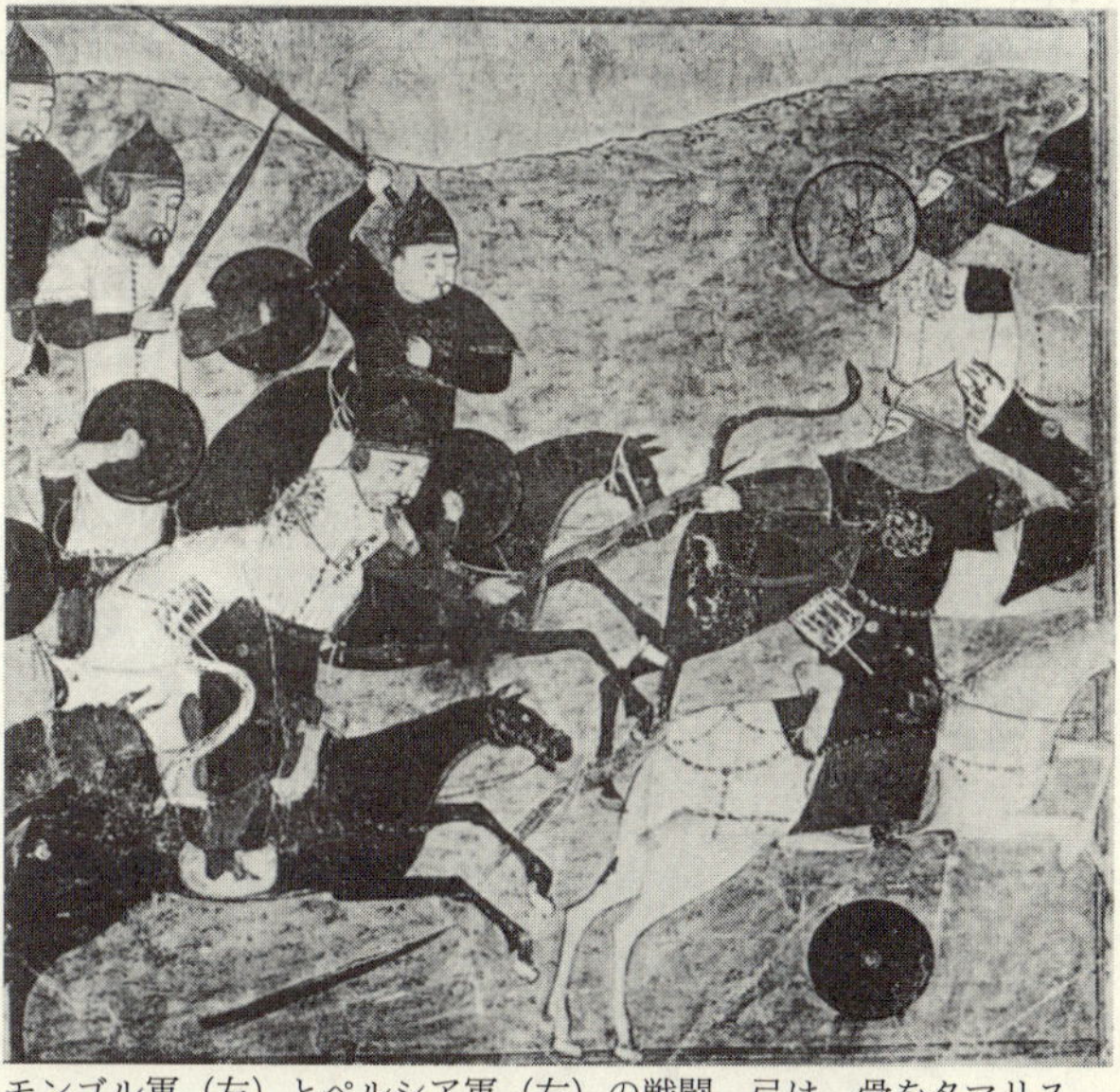
モンゴル軍（左）とペルシア軍（右）の戦闘。弓は、骨をタマリスクではさんだ、張り合わせ弓（コンパウンド・ボウ）

ニザリ・イスマイリの本拠アラムート城蹟

ハシーシュを吸う老人

目次

暗殺者教国——イスラム異端派の歴史

関係地域全図

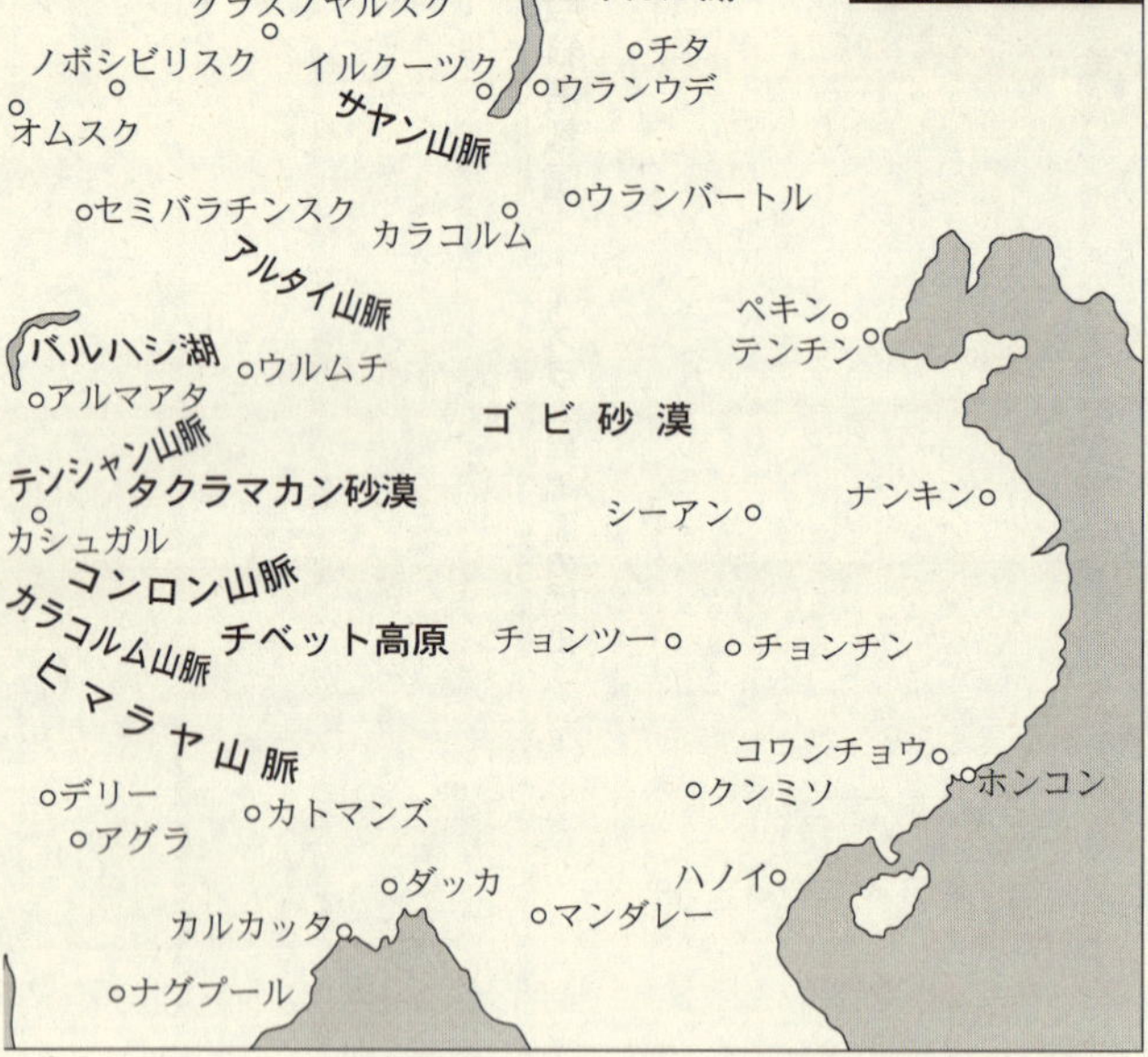
バイカル湖
クラスノヤルスク
ノボシビリスク
イルクーツク
チタ
ウランウデ
オムスク
サヤン山脈
セミパラチンスク
カラコルム
ウランバートル
アルタイ山脈
ペキン
テンチン
バルハシ湖
ウルムチ
アルマアタ
ゴビ砂漠
テンシャン山脈
タクラマカン砂漠
カシュガル
シーアン
ナンキン
コンロン山脈
カラコルム山脈
チベット高原
チョンツー
チョンチン
ヒマラヤ山脈
コワンチョウ
ホンコン
デリー
カトマンズ
クンミン
アグラ
ダッカ
ハノイ
カルカッタ
マンダレー
ナグプール

モスクワ
ツーラ
カザン
キエフ
チェリャビンスク
ハリコフ
クイビシェフ
オデッサ
ロストフ
黒
海
アストラハン
コーカサス山脈
アラル海
イスタンブール
カスピ海
アンカラ
トビリシ
バクー
地中海
タシュケント
アレッポ
タブリズ
ベイルート
モスル
エルブルズ山脈
サマルカンド
アレキサンドリア
ダマスク
カイロ
エルサレム
テヘラン
バグダード
ヒンズークッシュ山脈
イスファハーン
カーブル
バスラー
クウェート
シラーズ
ラホール
ペルシア湾
メディナ
紅海
リヤド
メッカ
カラチ

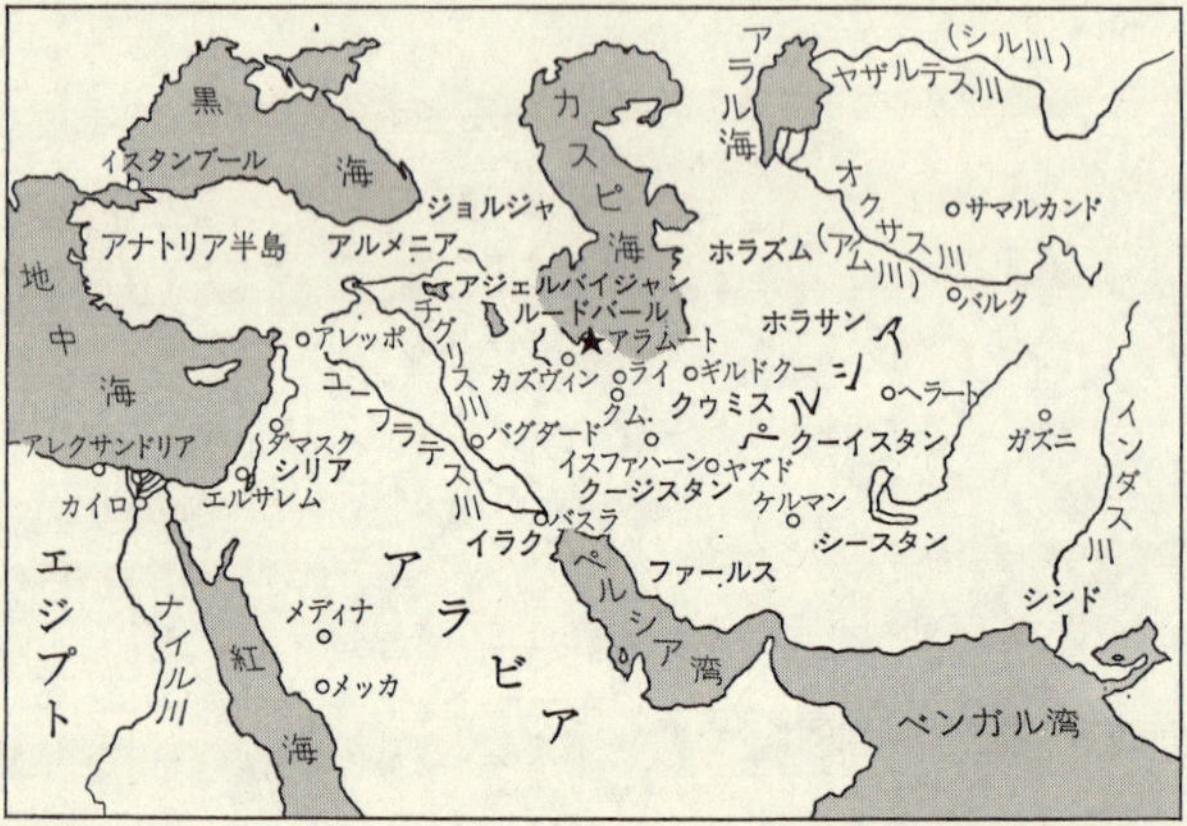
黒海
イスタンブール
アナトリア半島
地中海
アレクサンドリア
カイロ
エジプト
ナイル川
紅海
アレッポ
ダマスク
シリア
エルサレム
ユーフラテス川
チグリス川
バグダード
ジョルジャ
アルメニア
アジェルバイジャン
ルードバール
カスピ海
アラムート
カズヴィン
ライ
ギルドクー
クム
クウミス
イスファハーン
ヤズド
クージスタン
ケルマン
バスラ
イラク
アラビア
メディナ
メッカ
ペルシア湾
ファールス
アラル海
ヤザルテス川
(シル川)
オクサス川
(アム川)
ホラズム
サマルカンド
バルク
ホラサン
ヘラート
クーイスタン
シースタン
ガズニ
インダス川
シンド
ベンガル湾

ニザリ教国関係要図

1

ゴールバンド渓谷のイスマイリ派

春のゴールバンド渓谷は美しい。雪山から流れ下る水は冷たく緑色をしている。ところどころに泡だつ急流は、青地の帯に白い玉模様を散らしたようである。谷底の村や宿場の付近にはポプラやアンズの樹林がながい冬から急に目をさまして、あざやかな緑に衣がえをしたばかりである。深い渓谷の底からは澄みきった空が一筋の青い帯のように見えるだけだが、すこし開いた谷間に出るとか、村の後の丘に登ると、中部ヒンズークッシュ山脈の雪におおわれた高峰が突然姿を現わす。

いまわたくしのジープが走っているゴールバンド渓谷に沿うこの同じ交通路は、ギリシア戦士を率いてアレクサンドロス大王が通り、モンゴル騎兵を指揮してチンギス・ハーンが進んだ路である。法顕《ほっけん》や玄奘《げんじょう》もロバに乗ってこの路を辿った。北方から南下してインドにはいったイラン系やトルコ系のさまざまな民族の移動もみなこの交通路によったにちがいない。路にゆれ動く陽炎を見つめていると、きらきら輝く兜をつけて行進してくるギリシア戦士の幻影が浮かび、それが消え去るとこんどはモンゴル騎兵の集団が濛々たる土煙をあげて疾駆してくる。つぎには中国の坊さんがちいさなロバにまたがって、ちょこちょことやってくるむしろ滑稽な姿が現われる。異境を旅行する最大の楽しみは、歴史の一齣が演ぜられた舞台で、過ぎ去った遠い昔の姿の幻影を見ることである。狭い研究室で、書斎で古い本を読んでいる時には、こんな楽しみは出てこない。想像の翼がすぐ壁にぶつかってしまうからである。

坂を上り切ったところに数軒のチャイ・ハーナがある。チャイは茶で、ハーナは家のことである。ペルシア語である。文字通りに「茶屋」で、ここで旅行者は茶を飲んだり、簡単な食事をするのである。わたくしとパシュト人の案内人と運転手とはチャイ・ハーナの一軒に靴をはいたままで上り、よごれた絨緞の上にあぐらをかいて、半分以上も砂糖を入れた茶碗に熱い茶を注いで飲んだ。

*

渓谷の向う側の急な崖には人や家畜が通る路が一本見えている。丘の蔭には部落があるのだろう。わたくしは案内人に、「あの向う側にはハザラ人がいるのかね」と訊ねてみた。ハザラとはゴールバンド渓谷の西の荒れ果てた山中に住んだり、カーブルなどに働きに出てくるモンゴル人のことである。わたくしはこのころアフガニスタンとイランにおけるモンゴル人の調査をしていた。これらのモンゴル人はハザラと呼ばれているが、もともとはチンギス・ハーンやその後のモンゴル王侯、将軍たちに従って中央アジアに進入し、各所に駐屯軍として留まったモンゴル人の子孫である。モンゴル勢力が衰退した後、本国に帰還することができなくなり、追われて山中や荒蕪地に逃げこんだり、職業的盗賊になって放浪して歩いたりしていたが、そのうちの中部ヒンズークッシュ山脈の奥深く逃げこんだ者がハザラと呼ばれているのである。モンゴルの軍制では基礎的な戦闘単位は千人隊で、モンゴル語で千を意味するミンガンと称されていた。そのミンガンがペルシア語で千を意味するハザルということばで翻訳され、ハザラとなったものであろう。アフガニスタンのハザラ人は深い山中で貧窮な生活を送っており、一部は町に出稼ぎにきて下級な労働者として働いているので、一般に下層階級として取り扱われている。かれらが軽蔑され、反感を持たれているもう一つの理由は、ハザラがシーア派に属するということである。アフガニスタンではイスラムの正統派であるスンニ派が圧倒的であり、この国のスンニ派は特に厳格なスンニ派なので、シーア派を異端とみなし、強い宗教的偏見を抱いているのである。

わたくしが「ハザラの村か」という質問をしたら、このパシュト人は言下に「ちがう」というのである。彫りの深い、鋭い顔つきをしたこの男の表情には不愉快な気持がはっきりと浮かんでいた。ハザラがひどく嫌われていることは、わたくしももちろんよく知っていたが、吐いて捨てるように否定したかれのことばはちょっと腑におちなかった。

「そいつらはハザラよりもっと下等なやつらだ。みな殺しにしてやるほうが、かえってやつらのためだ」

これにはもっと驚かされた。狂信的なイスラム教徒のうちには、異端者が生きて罪を重ねていくのを黙って見ているよりは殺してしまうほうが慈悲だという考えがある。しかしいかに辺境とはいえ、これだけのことをいい切ったのには一驚を喫せざるをえなかった。

だがわたくしはすぐに気づいた。普通のシーアやその他の異端なら、これまでのことをいうはずはない。イスマイリ派のことにちがいない。イスマイリはシーア派ではあるが、ただのシーア派ではない。

「イスマイリがいるのか」

と聞いたが、かれは横を向いたきり、返事をしない。この旅行の時には、まだわたくしはイスマイリがこの辺にいるということは知らなかった。しかしこのパシュト人の吐いて捨てるようなことば遣いと、かれの怒りの表情でイスマイリの部落が山の向うにあることを知ったのである。

その後、わたくしはこの同じパシュト人を伴ってハザラ人の地であるヒンズークッシュ山中のハザラジャート地方奥深く訪れ、ハザラの部落に二人でしばらく滞在した。その時、シーア派で最も重大な行事であるフセイン殉教の記念日にぶつかった。この日には、わたくしたちが宿っていたハザラの首領の山寨の前に数百のハザラ人が集まり、大声で泣き、怒号を発し、狂気のようになって自ら傷つけ、血を流してわめく者もあった。この時もこのパシュト人は不愉快な顔はしていたが、わたくしがイスマイリのことを聞いた時ほどひどいことは敢えていわなかった。

これほど正統派に憎まれているイスマイリとは、いったいなんであるか。

2
アッサシン（暗殺者）の由来

英語でアッサシネーション（暗殺）、アッサシン（暗殺者）ということばは、政治的目的による殺人を意味する。従ってそこにはなんらかの組織か、思想の背景が前提になっている。「殺し屋」の殺人は暗殺とはいわない。

史上最も著名な暗殺といえばカエサルの暗殺で、これはカエサルの専制政治に対する共和派の反抗であった。近世で最も有名な暗殺としては第一次世界大戦の導火線になったサライェヴォにおけるオーストリア皇太子フランツ・フェルディナントの暗殺であろう。この暗殺は大セルビア主義を唱える秘密結社の手によって行なわれたものである。

われわれ日本人も幕末から以後、暗殺という不快な政治的手段をいやというまで味わされている。そのクライマックスは世界でも類のないほど大規模な暗殺である二・二六事件であった。しかし二・二六事件を世界史にも類のない大規模な暗殺だと書いたが、実はこれから述べようと思うニザリ・イスマイリの暗殺者は、日本の軍閥や右翼の暗殺などに較べると、さらにけた違いの組織と規模をもつものであった。

カエサルの時代にまだなかったアッサシネーションということばもこのニザリ派暗殺団の暗殺手段から出たものである。

アッサシンの語源は大麻からとった、アラブ語でいうハシーシュである。そのハシーシュを使って世にも奇怪な暗殺者の国を建設した、中世のニザリ・イスマイリ教団の話は西洋では極めてよく知られている。

＊

アレクサンドル・デュマの名作『モンテ・クリスト伯』のうちにつぎのような一節があることを多くの読者は知っておられるであろう。

モンテ・クリスト伯爵、実はエドモン・ダンテスは仇のモルセールの子フランツをモンテ・クリスト島に誘い『千一夜物語』に出てくるような洞窟の邸宅に連れこむ。フランツはここで舌を切られた奴隷や、やはり奴隷としてモンテ・クリスト伯に仕えるギリシア美人、善美を尽くした部屋などに眩惑され、珍味をそろえた御馳走になり、食後に不思議なデザートを饗される。伯爵はフランツの問に答えていう。

「あなたは『山の長老』のことを聞いたことがありますか。『山の長老』は山々の間にある豊沃な谷間に住んでいました。その谷間にはハサン・イ・サバーが築いた立派な城がありました。『山の長老』ハサン・イ・サバーは血気さかんな若者たちをこの花園に誘い入れて、ある種の草を食べさせたそうです。これはマルコ・ポーロもいっております。するとかれらは美しい花をつけた草や樹、おいしい果物、美しい女のいる楽園に運びこまれました。しかし幸福に酔いしれた青年たちが現実と思っていたものは、実は夢だったのです。しかしその夢は、甘美な、人を酔わせるような感覚的なもので、そのため若者たちはこの夢を与えてくれた人に身も心も捧げてしまい、神の命に従うようにその人の命に従い、命ぜられた犠牲を斃すために、地の果てまでも行きました。そして死というものも、つまりはいまあなたの前にあるその霊草が味わわせてくれるような悦楽の生活にうつるための一つの道程に過ぎないもののように思って、なにもいわず、苦しみにたえて死んでいったということです」

伯爵のこの話を聞いてフランツはいった。

「ああ、これがハシーシュなのですね」

伯爵は答える。

「その通りです。ハシーシュです。そのうちでもアレクサンドリアの最も純粋で優良なものです。〝世界はこの幸福を与えてくれた者に感謝する〟ということばを掲げた宮殿でも建ててやりたいほどに優れた、この方面の第一人者であるアブゴールがつくったハシーシュなのです」

フランツは、

「その讃辞のおことばが当っているか、それとも単なる誇張にすぎないか、わたくし自身でためしてみたくなりました」

といった。

「自分でためしてごらんなさい。だがなんでもそうですが、感覚というものは、静でも動でも、喜びでも、悲しみでも、みな新しい衝動にならしてやらなければなりません。この不思議なものに対しても、つねに性質が反撥します。喜びを忘れ、悩みにのみ執着する人間の性質というものが反撥します。まずその性質を打破するように試みることですね。現実を夢幻に従わせるようにすることです。そうすると、夢が主人として支配します。そして夢が生活になり、生活が夢になります。こうした変化から大きな違いが生じるのです。現実に生きていく悩みと、技巧の生活における享楽とを較べてみて、もう生きていくのはいやだ、いつまでも夢を見ていたいと思うようになります。もしあなたがこのようなあなたの世界を捨てて、通常人の世界に移るならば、ナポリの春を捨てて、ラップランドの冬に移ったように感じるでしょう。楽園から地上に、天国から地獄に移ったように感じるでしょう。まあハシーシュを飲んでいただきましょうか。どうぞ」

フランツは返事もしないで、この奇妙なジャムのような薬か食べものを、さじですくって口にいれた。フランツは、

「あとになると、あなたがいわれるようなよい気持になるかも知れません。味はそれほどではありませんが」

といった。伯爵は、

「口になれないからです。その霊験になれないからです。カキでも、茶でも、ビールでも、あとで好きになるので、はじめから好きな人があるでしょうか。ローマ人がなぜキジ料理

に臭いアギを添えものにし、シナ人がツバメの巣を食べるか、おわかりですか。ハシーシュも同じことです。一週間も続けてあがってごらんなさい。いま不愉快な、吐き気を催すと思ったこの味の微妙さを、世界無比のものと思うようになります。ともかくつぎの間へいきましょう。お部屋は隣りにとってあります。アリーにコーヒーとタバコを持ってこさせましょう」

*

隣りの部屋は贅沢の限りをつくしたいまの部屋ほど飾り気はなかったが、それでもすばらしいものであった。形は円形で、周囲にはソファがおかれている。椅子も、天井も、床もすべて美しいさまざまな種類の毛皮で覆われている、アトラス山のライオン、ベンガルのトラ、喜望峰のヒョウ、シベリアのクマ、ノールウェーのキツネなどの皮である。その上を歩くとふんわりとした厚い芝生のようであり、腰をおろすと贅沢な寝台のような感触であった。

モンテ・クリスト伯爵とフランツはソファの上に横になった。手もとにはジャスミンの管、琥珀の吸口のついた喫煙具がおかれていた。二人はそれを取り上げた。奴隷のアリーは煙管に火をつけてくれた。伯爵も、フランツも無言であった。フランツは夢幻のうちに、煙とともにあらゆる心の悩みが消え去ったと感じた。

　アリーがコーヒーを運んできた。伯爵は、

「どんなのがお好きですか。フランス風？　トルコ風？　濃いの？　薄いの？　砂糖は？　こしたのか、煮たのか、なんでもお好きなようにしますよ」

　フランツは答える。

「トルコ風のを」

　伯爵はいった。

「なるほど。あなたは東洋での生活を知っていらっしゃいますね。東洋人は生活ということを知っている、世界で唯一の者です。そしてわたくしも」

　伯爵は不可解な微笑を浮かべながらつけ加えた。

「パリでの用事がすんだら、わたくしは東洋で余生を送るつもりです。その時になってわたくしにお会いになりたくなったら、カイロか、バグダードか、イスファハーンあたりでお捜し下さい」

　フランツはいう。

「そうしましょう、わけはありません。どうやら羽がはえてきたような気持です。この羽で世界一周を一日でやれそうですよ」

「ハシーシュがまわってきましたな。さあ、羽をひろげて楽園に飛んでいらっしゃい。こわいことはありません。見ててあげます。もしイカルスの羽のように、あなたの羽が太陽の熱でとけて落ちてきたら、受けとめてあげますよ」

伯爵はアリーにアラビア語で二言、三言いいつけた。アリーはうなずいたが、立ち去りはしなかった。

フランツの身体のなかには、不思議な変化が起こった。一日の肉体的疲労、夕方からの事件がもたらした不安は、やすむまえに眠くなるように消えかけていた。身体はこの世のものとは思えぬほど軽くなり、精神はすがすがしくなり、感覚は倍も鋭くなったように思われた。

水平線は見る見るうちに広がっていったが、それは茫漠として恐怖を与えるような、眠る前に見た水平線とは、まるでちがっている。美しい海の青さ、輝く太陽の光、香り高い微風、青く澄み切った、広い地平線である。

水夫たちのうたう歌、美しく響きわたる歌のあいだにモンテ・クリスト島は、もはや脅かすような姿ではなく、砂漠のなかのオアシスのように現われてきた。船が近づくにつれて歌声はますます鮮やかになり、心を惑わすような音が、ローレライの妖女やアンフィオンのような魔術使いの声が人を誘うように、この神々の島から立ち昇っていった。

船は岸についた。なんの動揺もなく、あたかも唇と唇が触れ合うように。

フランツは美しい音楽の聞えるうちに洞窟にはいっていった。いくつかの段を降りると思うと、空気は魔女シルセーの洞窟に漂っているという香りのような、すがすがしく、感覚を焼きつくすような暑さに満ちている。

目の前に、眠りに入る前に見た、あの不可解な伯爵と奴隷のアリーがまた姿を現わした。だがたちまちすべては消え失せた。眠りと悦楽を見まもっているような青白い古風なランプの光が、ほのかに照らし出している彫像の部屋のなかに自分のいることがわかった。

彫像は魅惑するような眼、なまめかしい微笑、ふさふさとした髪、美しく誘惑するような、詩的な、前に見た像にほかならなかった。フリネ、クレオパトラ、メサリーヌの三人の有名な娼婦的美女を刻んだものであった。媚態にみちたこの像のまえに、清らかな、静かな一つの優しい幻が、一筋の光のように、オリンポスのまんなかのキリスト教の天使のように、静かに立っていた。

三つの像が、三つの愛情を一つにして、ただ一人の男に迫ってくるように思われた。その男はフランツ自身にほかならなかった。女たちがその脚を白い衣裳につつみ、胸をあらわに、髪を波のようになびかせて、太古の神々がそのために身を誤り、ただ聖者のみがよく堪えうるような姿をして、鳥を覗う蛇のように、眠りかけているフランツのベッドに近づいてくるように感じた。かれは抱擁のように悩ましく、接吻のように誘惑的な、美女の目のまえに身体を投げ出しているように感じた。

フランツは目を閉じかけているように感じ、もう一度身のまわりを見わたした時には、美女の像たちに身をつつまれているように思われた。そして目を閉ざして、思いもおよばないような幻影にひたった。悦楽が絶えることなく続き、あたかも預言者が選民に与えるような愛撫であると思った。彫像の唇には血が通いだし、胸は熱くなり、はじめてハシーシュを味わったフランツの唇の上に、蛇のようにしなやかな、冷たい石像の唇が触れ、苦しいまでの愛撫が与えられると、悦楽はほとんど苦しみに感じられた。このはじめて知った愛撫をしりぞけようとすればするほど、フランツの感覚は、ますます怪しい夢のなかの魅惑にひかれていくのであった。

魂をも投げ出してしまうような心のうちの激しい争いの後に、フランツは身も心もうち捨て、疲れに打ちのめされ、快楽に気力が尽き果て、この大理石の恋人たちの接吻と、聞いたこともないようなこの夢魔のために、息も絶え絶えになってしまった。

3

ニザリ教団とその開祖

世界の三大宗教の一つであるイスラム教はスンニ、シーアの二大宗にわかれているほか、無数の分派、支派、教団がある。ここでとり上げようと思う奇怪な教団、暗殺団として知られるニザリ教団は、シーア宗の分派イスマイリ派のそのまた支派である。

スンニ宗がイスラム教の正統派だと称するのに対し、シーア宗が異端派だといわれる理由は数多いが、根本的な点は、シーア宗ではイスラム世界の最高の権威であり、支配者であるイマームはアリー・ビン・アビー・ターリブの後裔でなければならないということである。このアリーは預言者ムハマッドの婿であり、第四代のカリフである。もし全イスラム世界の支配者なるイマームがアリーの子孫でなければならないとすると、ムハマッドの後継者である第一代のカリフであるアブー・バクル、第二代のオマル、第三代のオスマンはすべて僭称者、簒奪者だということになる。宗教すなわち国家、国家すなわち宗教であるイスラム体制においては、俗界の最高の権威者が誰であるかは決定的な重要性を持っている。これがスンニ宗とシーア宗の宿命的な抗争、対立の基本的原因であった。

イスマイリ派がシーア宗から分かれて別に一派をたてたのは、第七代イマームの継承権をめぐる紛争にその端を発した。イスマイリ派によると、ムハマッド・ビン・イスマイリが第七代のイマームであり、他にイマームはありえないというのである。エジプトのイスラム王朝であるファーティマ王朝はこのムハマッド・ビン・イスマイリの子のうちの一人とその子孫を正統イマームとするものであった。

このイスマイリ派は十世紀にはほとんどイスラム世界を風靡する勢いになった。ファーティマ朝は当時のイスラム諸国の領域の半ばを占めると同時に、その他のイスラム諸国の支配者の半ばをイスマイリ派に帰依せしめていた。正統を以て任ずるバグダードのスンニ宗のアッバス朝カリフの勢威も一時はそのために影が薄くなったほどである。

しかし十一世紀にはいると、ファーティマ朝の勢力は衰えはじめ、その後半になると中央アジアのトルコ民族であるセルジューク族に擁立されたスンニ宗のカリフがイスラム世界の大部分において最高の支配者と認められることになった。同時にバグダードのカリフ朝は名目上の存在と化し、セルジューク族出身のスルタンが実権を握ることになった。カリフ朝とともに中央集権制は崩壊し、その領域は事実上四分五裂の状態になり、地方には武力を基礎とする幾多の諸侯、あるいは首領が割拠するようになった。このようないわば封建制とも見られる地方分権はエジプトを除いて、ほとんどすべてのイスラム領域における傾向であった。

＊

かかる状態にあってイスマイリ派は断固としてセルジューク族の覇権に挑戦することをやめなかった。バグダードのカリフ朝、セルジューク族の支配下にあるイスラム世界においては、イスマイリ派は異端として痛烈な迫害の下にあった。西は地中海東岸から東はヒンズークッシュ山脈の西端にいたる広大な地域のうちに、イスマイリ派の諸教団は天険に拠り、容易にセルジューク族やスンニ宗の勢力に屈しようとはしなかった。

イラン高原においては、イスマイリ派はすでに十一世紀の末葉に、カスピ海南岸に沿うエルブルズ山脈中において難攻不落の城寨として聞こえたアラムートを奪い、ついでイラン高原における他の険峻な山地に多くの城寨を築いて、頑強にセルジューク勢力に反抗しつづけた。これらのイスマイリの城寨はセルジュークの勢力圏における一種のポケット地帯を構成していた。いい換えればイスマイリ派はスンニ領域に刺さったトゲのようなものであった。

イスラム中世史上有名なアラムートを本拠とするイスマイリ派の一派がニザリ教団なのである。ニザリ派がイスマイリ派から分離した経緯は他の宗派の場合と大差はない。第六代イマームの継承権をめぐる争いがその発端で、ニザルを以て正統イマームの系統として他の派に対立したのである。

このニザリ教団の信条によると、ニザルはその子のアル・ハーディとともにイマームの位を追われ、その弟のアル・ムスタンシールに捕えられて、牢獄中で殺害されたが、アル・ハーディの後継者であるまだ幼児だったムーフタディはニザルの一党によってひそかにペルシアに運ばれ、ハサン・ビン・サバーによって育てられた、といい伝えられているのである。こうしてアラムート山寨を本拠とするイマームを囲むニザリ教団が成立した。その中心人物が前述のハサン・ビン・サバー、ペルシア流にいえばハサン・イ・サバーなのである。かりにムーフタディが実在し、正統のイマームであったにせよ、あるいは詐術による仮装のものであったにせよ、とにかくスンニ宗の領域中にあってニザリ教団を確立したのは、ハサン・イ・サバーであったことには疑う余地はすこしもない。

それではニザリ教団の建設者たるハサン・イ・サバーとはどんな人物だったろうか。

＊

ハサン・イ・サバーはかれ自身イマームの家柄の血を引く者で、ペルシア西部のクムの生まれであった。

クムはシーア宗の都市であったが、ハサンは若いころクムから遠からぬスンニ宗の町ライに赴き、そこで書記のような仕事につき、かたわら学問に精励した。かれは七歳にしてすでに学問に志し、イスラムの奥義を究める決心をかためたといわれている。ライにあって研究に努めた結果、絶対神アラー、預言者ムハマッド、イマーム、楽園、地獄の実在を確信、信仰するようになった。かくてイスラム以外に真理はなく、イスラムの真理はシーア宗にあり、イスマイリ派は英知と哲学の根源であり、エジプトのイマームこそこれを具現する者であると考えた。そしてイスマイリ派のうちでもニザリの教団こそ真に神を恐れ、最も敬虔であり、身を持すること最も厳しいことを知った。そうしている間に、ハサン・イ・サバーは重病にかかり、生死の境をさまよったが、この病中に身心ともに一変し、イスマイリ派のイマームへの絶対的服従を誓い、ニザリ教団の建設を決意することになった。

その後、かれはより深く奥義を究めるためにエジプトに渡った。エジプトに数年滞在した後、たぶん一〇八〇年代の終りになってペルシアに帰り、セルジューク人の勢力の強いペルシア西部のヤズド、ケルマン、クージスタン等の地方を歴遊した。この時、ハサンはすでにニザリ教団の根拠地設定の計画を抱き、各地に多数のニザリ改宗者をつくった。しかしハサンを戴くニザリ教団はまもなくセルジューク支配者の注目するところとなったが、たまたまニザリによるスンニ宗教職者の殺害事件が起こり、また隊商を掠奪したりすることがあったので、官憲の追及が激しくなった。

このころハサンはカスピ海の南の、穀倉地帯として知られるマザンデラン地方に入り、その南方エルブルズ山脈中の険峻アラムートの城を奪取する計画を立てた。かれはまず、ニザリを数名ずつアラムートに送りこんだ後、自らも城を訪れ、煽動と詐術で首尾よく城を乗っ取ることに成功した。

アラムートの城主になると、ハサンは宗派の開祖に特有の極度に峻厳な態度を以て教団に臨んだ。しかし自ら持するところもまたすこぶる厳格であった。かれはアラムート城にあって三十四年の間に建物の外に出たのはただ二回、それも建物の屋上に上っただけであったという。

一〇九〇年にアラムートを奪い、一一二四年に死ぬまで、かれは一歩も城を出ることはなかったが、その間にセルジュークの攻撃を退け、アラムートを難攻不落の城寨に修築した。同時にかれはこの根拠地からしきりにセルジューク領土の各地に潜伏するニザリ教徒に秘密指令を出して暴動を煽動した。

かれは自分自身の家族さえも宗派の目的のために犠牲にすることをすこしもいとわなかった。ある時、城内に衣料が不足したので、数人の娘とともに自分の妻を他の城寨に送って布を織らせ、そのまま再び呼びもどすことをしなかった。ブドウ酒を飲んだということだけで息子の一人を死刑に処し、殺人の容疑をかけられただけで、証拠もないのにもう一人の息子を死罪にした。またある時には、笛を吹いた家来を教律違反の罪に問うて放逐したこともある。ある書記がハサンの系譜を当時の慣習に従って美文で書いたところが、ハサンは一読すると水中に投じて、

「自分は先祖のイマームの堕落した子孫になるよりは、その一奉仕者でありたいのだ」

といったという。

ハサン・イ・サバーはこのように極端な性格の持ち主ではあったが、かれとその追従者は決して粗野な狂信の徒ではなかった。このころのペルシアのイスマイリ派からはすくな

からぬ著名な作者、思想家を出し、そのあるものの著作は、反対派であるスンニ宗教徒の間でさえ広く読まれた。

ハサンの思想は一言にしていえば、原始イスラム教の峻厳な絶対性を復活し、これをイスマイリ的神秘主義で表現しようとするものであった。このような思想の政治的表現は当然権力主義に結びつく。そしてかれはその権力の根源を共同体組織に求めた。ニザリ派共同体の権力のためにはいかなる手段も是認されるとした。いわば宗教的マキアヴェリズムの極端なもので、その結果はついに組織的暗殺団にまで発展することになった。

4

暗殺者の王国

セルジュークの全力を挙げてのニザリ討伐も、ニザリの全滅にはついに成功しなかった。ニザリの最高指導者ハサン・イ・サバーの晩年から、その後を継いだブズルグ・ウミッドの時代にかけては、ニザリ側でもセルジューク側においても大きな変化は起らなかった。両者の戦いもまた散発的なものにすぎなかった。しかしこの時代のニザリ運動は、破壊的活動、あるいは武装反乱から、徐々にニザリ国家建設の方向に動いていった。ニザリの領土は依然として西アジア全土に散在し、まとまったものではなかった。

スルタン・ムハマッド・タパルの死後、セルジューク人の間には特に優れた指導者は出なかった。サンジャールが後を襲ってスルタンになったが、かれの勢力範囲はイラン東北部のホラサンと中央アジアのトランスオークシャナの一部、それにイスファハーンに限られ、もはやバグダードのカリフ朝に対する昔日の統制力はなかった。辺遠の地に蟠踞する諸侯にとってはセルジューク・スルタンはもはや単なる象徴にすぎなくなっていた。

こうした情勢下にあってニザリたちは地方の諸侯を服属し、その結果として単なる革命的、叛乱的集団から徐々に領土国家への道を歩みつつあった。スンニ教団のうちに散在しているニザリ集団も、もはやスンニ教徒と真向から対立し、不倶戴天の仇敵として殺し合うような性格からはしだいに脱皮しつつあった。

一一二六年にスルタン・サンジャールがクーイスタンとカスピ海南方のルードバールに攻撃を加えて以後、およそ二十年は比較的平穏な日が続いた。これはサンジャールがニザリ征伐の不可能を悟ったからか、あるいはハサン・イ・サバーの死（一一二四年）によってニザリの活動が沈滞したからかはわからない。両者の関係は全面的な抗争ではなくたにせよ、小競合《こぜりあ》いや血腥い事件は決してその跡を絶たなかった。サンジャールの宰相ムーイン・アル・ムルクはホラサンに出兵して、かえってニザリ軍に破られた。カスピ海の南の山地ルードバール地方に攻撃をかけたセルジューク兵は逆襲を受けて敗走した。ニザリ側はかえってカズヴィンやクーイスタンに侵入して掠奪や破壊を行なった。このような戦闘と並行的にニザリ暗殺者も出没した。かれらは散発的にシリアからイラン、さてはジョルジャに至るまで、相変らずスンニ社会に対して暗殺の脅威をふるっていた。有名なイスファハーンの大寺院を焼いたのもニザリの仕業だと伝えられる。バグダードのカリフ・ムスタルシッドがイスファハーンのスルタン・マームッドと戦って捕えられたが、まもなく暗殺された。このカリフを暗殺したのもニザリだといわれている。

他方では、ニザリは社会の弱者の味方としてのジェスチュアをしばしば示した。ブズルグ・ウミッドの晩年、ライで迫害されたイスマイリ教徒が多数領内に流れこんできた時、このニザリの首領はかれらに土地を分ち、生活の資を与えて定着させた。カズヴィンから遠征してきた一隊を捕虜にした時、ブズルグ・ウミッドは、隊長は殺したが、兵士たちにはそのまま帰還を許してやった。

＊

ニザリ教団は自己の教団に属しないイスラム教徒はすべて邪教であるから、かれらを多く殺せば、殺すほどよい、また殺しかたは残酷なほどよい、という考えに立っていた。さらに暗殺の対象は、カリフでも、スルタンでも、将軍でも、富豪でも、学者でも、有力な者ほどよいとした。だがスンニ、シーアを問わず、一般民衆を殺戮の対象にはしなかった。また都市や町の住民はイスマイリとは多くの場合、敵対関係になかった。イスマイリの暗殺の直接的動機の大部分は、戦争状態における必要からか、あるいは報復であった。特に狙われたのはイスマイリの城寨を攻撃したか、攻撃する意図をもつ将軍や高官たちであった。

イスマイリは二人のバグダードのカリフを暗殺したが、これは直接この二人のカリフがイスマイリに強く反対したというわけではなく、最高の権威者——実力はなくとも——を殺すことによってイスマイリの暗殺を象徴しようとしたものにほかならない。

右以外の理由、動機もまた存在した。たとえばイスマイリに好意を寄せる者の敵対者をもしばしば暗殺した。たとえばイスマイリと特殊な関係をもっていたといわれるセルジュークのスルタン・バルキヤールックに対しニザリは暗殺すべき者を自由に指名してほしいと申し入れたことがあるという。またアレッポの宰相はイスマイリに対する暗殺要請書をスルタンの名前を使って偽造し、自分の個人的敵対者を消してしまおうとしたことがある。

また当時、イスマイリは金銭による暗殺請負をやったという噂もあった。後に十四世紀になってからのことではあるが、ファーティマ王朝を倒したサラディンはイスマイリに対して暗殺料を支払ったといわれているし、またマムルーク・トルコ族のあるスルタンは、イスマイリ暗殺者に暗殺一件につきいくらという定額の報酬を支払ったといわれる。これでは全くただの「殺し屋」にすぎないように見えるが、こういうことは、もしあったとしてもそれは一部のイスマイリの堕落現象にすぎなかった。

特にニザリ国家の成立以後においては、その暗殺は極めて明白に政治的手段とみなされ、地方におけるニザリ政権樹立への障害を排除するための行為として、あるいは一般的にニザリ権力の象徴として、公然たる行為——イスラム寺院とか宮廷における劇的暗殺——として実行された。従ってかれは決して隠微な暗殺手段や毒薬は使用しなかった。

イスマイリ暗殺者の最盛時には、その活動の範囲は、東はトルキスタン、中央はイラン、メソポタミア、西はシリアまでの間を覆った。しかし第二代の「山の長老」ブズルグ・ウミッド以後は各地における暗殺の件数は急速に減少しつつあった。

ニザリ教国そのものの領土には四つの主な地方があった。すなわち東イランのクーイスタン、北イランのギルドクー、アラムート、ラミアッサール等を含むルードバール地方、およびシリアのジャバール・バラーで、これらの領地は相互に離れてはいたが、各々ニザリ以外の国からは完全に独立していた。右以外にもシーア、スンニ領土内に多くのニザリの飛地が点在した。これらの領地はいずれもアラムートをその本拠とし「山の長老」をその最高指揮者と仰いでいた。十一世紀初期のシリアにおけるニザリの首領であったアブー・ムハマッドはアラムートから派遣された者であったし、西アジア各地におけるイスマイリをめぐる紛争においてイスマイリ側の中心人物となった者は、ほとんどアラムートから送られてきたダーイ(布教者)であった。

アラムートが同じイスマイリの大根拠地であったイスファハーンよりもいっそう高い権威を保っていたのは、セルジューク権力との闘争におけるアラムートの活躍に負うものと考えられる。

＊

「山の長老」を国主とするニザリ国家は、当時の世相からみて驚くべき統一性と安定性を維持していたといわなければならない。国土が四分五裂し、地方割拠の時代にあっては領主の後継者をめぐる紛争は絶えることはない。特にこの傾向のはなはだしかったセルジューク時代の西アジアにあって、ひとりニザリ国にはこの種の争いは絶無とはいわないにせよ、極めて寥々たるものであった。そこには当時、ほとんど日常茶飯事とされていた、親子兄弟の間の殺し合いもほとんど見られなかった。アラムート城主の在位年数は乱世における君主の在位期間としてはすこぶるながい、約百五十年の間に四十四年、三十四年が二回、他は二十四年、十四年、十一年、四年であり、最後のイマームの在位はわずか一年であるが、これはモンゴル人の来襲の結果である。

5

ニザリとセルジューク・トルコ族

ニザリ暗殺団がその猛威をふるいはじめた一一〇〇年ころには、セルジューク勢力はまだ健在であった。しかしスルタン・マリックシャーが死に、セルジューク軍隊が分裂すると、その将領たちは、おたがいの間で単に自己の勢力拡張のために、全く意味も、目的もない戦いに耽り出したのである。

ニザリ教団はこの虚に乗じて、一方では自らエジプトのファーティマ王朝と分離し、他方では西アジア、中央アジアに幾多の根拠地を獲得し、あるいは要衝を奪取した。このようなニザリ教団の攻勢に対し、マリックシャーの後継者をめぐる紛争、セルジューク領主たちの勢力争いは、さらにニザリ派の跳梁に好機会を与えるに過ぎなかった。

ニザリ教団がまずその勢威を固めたのは、カスピ海南岸のルードバール地方、エルブルズ山脈地方、イラン高原東部のクーイスタンなどにおいてであった。内乱のさなかにあったとはいえ、マリックシャーの後継者バルキヤールックはニザリ教団の脅威に対して強硬な対抗措置を採り、ニザリ教徒の大量殺戮を行なった。ゲリラ戦や暗殺に対抗するためには官憲にのみ頼ることはできないので、地方の有力者や村や町はおのおの自らの手でニザリの駆逐を試みた。しかしこういう私的組織の指導者はつねに暗殺者に狙われ、多くの場合生命を失うのであった。イスマイリ派教徒が目的のためには手段を選ばず、あらゆる詐術、謀略、奇計を使ったと同様、スンニ宗徒の側でもあらゆる方法で対抗した。ただ両者の相違はスンニの場合は、ニザリのような強固な思想的根拠と組織を持っていなかったという点である。

ペルシア東部のクーイスタンにあるアラジャンというオアシスの町にジャーワリという地方的指導者がいた。かれは後にシリアで活躍するのであるが、このジャーワリは、付近の有力領主に対して献上する貢物を携えて近くアラジャンを出発するという噂を流布させ、同時に数名の腹心の部下に改宗者を装わせて、ニザリの城塞に潜入させた。これらの部下はジャーワリ一行を途上で襲い、貢物を掠奪しようといって、ニザリを煽動した。三百人のニザリたちはまんまとこの罠にかかり、辛うじて脱出した三十人を除いて他はすべて虐殺された。

ペルシア東南部の大オアシス都市として知られるケルマンのセルジューク領主イランシャーに仕えるあるニザリ派に属する書記があった。イランシャーは自分の身辺に奉仕するこの書記の熱心な奨めでニザリ派に改宗した。これを聞いたスンニのカディ（律法学者、司法官）は領主にイスマイリが危険な異端者であり、邪教にすぎないことを説き、再び正統スンニに復帰すべきことを要求した。ところがこのカディはその夜、たちまち暗殺されてしまった。イランシャーの麾下の軍隊はこれを知って、領主に反対し、ケルマンから放逐した。イランシャーはやむなくニザリに同調している付近のセルジューク領主を頼って亡命したが、そこからもまた放逐され、ついにかれの旧部下の手によって殺害されてしまった。

このような悲惨な事件が各地で繰り返されているうちにも、ニザリの奇怪な勢力はさらに上昇しつつあった。

イスマイリは散発的な、地方的な奇襲によるオアシスの掠奪、城塞の略取だけで満足せず、大オアシス都市イスファハーンやギルドクーなどの付近では組織的にオアシス農村から定期的に定額の税を取り立てるようになった。こうすることは一つには収入の増加にもなり、同時にセルジューク政権の財源に組織的な打撃を加えることを意味していた。

スルタン・バルキヤールックはしばしばニザリに加担しているという噂があった。かれはその敵に対してニザリ暗殺者を利用して脅威を与えることもあったらしい。ところが皮肉なことには、まもなくかれ自身が暗殺者に狙われ、辛うじて難を避けることができた。そこでスルタンもニザリに対する態度をはっきりさせる必要に迫られ、かれの異腹の弟でペルシア東北部のホラサン地方に勢力をふるっていたサンジャールと協議した結果、両者で力を合わせてニザリの殲滅を企図することになった。

サンジャールはただちにニザリの跳梁するクーイスタンに麾下の将軍バズガーシュを派遣してこの地方のニザリを掃討したが、山中深く閉じこもった者までを殲滅するには至らなかった。それで三年後にはさらにニザリに対しジハード（聖戦）を宣言したスンニ教徒を加えて再びクーイスタンに侵入し、ニザリを殺戮し、その城塞を徹底的に破壊し、オアシス住民から今後絶対にニザリと交渉を持たない旨の誓約を取って引き揚げた。ところがその翌年になると、どこから現われたのか、ニザリは再び頭をもたげはじめ、討伐への報復として聖地巡礼者、隊商に対する掠奪などを開始した。他方、バルキヤールック自身も一一〇一年にはイスファハーンのニザリに対し大規模な攻撃を加え、大虐殺を行ない、ついでシリアのニザリの討伐を始めた。このような凄惨な攻撃と反撃の間にあって、スンニの間でも、ニザリの間でもこの争いを利用して私怨を晴らし、あるいは私利を図ろうとする者が介在し、闘争はいっそう凄惨の度を加えていった。

＊

このころ、十一世紀の末年に第一次十字軍が起った。イスラム教徒ははじめは十字軍を単にビザンティウムから一時的に侵入してきたキリスト教徒ぐらいにしか考えなかった。しかし十字軍士が地中海東沿岸のアンティオキア、オデッサなどを橋頭堡として持久戦の構えを見せはじめると、セルジュークの首領たちの間の仲間争いに大きな影響を及ぼすことになった。アレッポのセルジューク領主リドワーンは十字軍の脅威に当面して、これに対抗するためにニザリに接近していった。かれは十字軍や同じセルジュークの領主たちとの戦いに慓悍なニザリを利用しようとしたものらしい。一説によるとリドワーン自身もニザリだったという。リドワーンの保護下にあったニザリたちはアレッポの街を横行して、スンニ教徒を殺害したり、リドワーンに奉仕するために、かれと対立していたセルジューク首領やアレッポの大法官を暗殺し、その死骸をリドワーンの邸宅の門前に横たえておいたりした。

ある時、有力なセルジューク首領フセイン・アタベックが金曜日の礼拝にモスクに入ろうとしたら、護衛の兵を押し退けて三人の暗殺者が襲いかかり、短刀で刺殺してしまった。兵士たちは直ちにモスクに闖入し、そのうちにいたすべての者を惨殺した。殺された者の大部分はペルシア人であったので、セルジュークたちは報復を恐れダマスクに逃亡してしまった。当時、シリアの人口の半分以下がスンニ教徒で、他はシーア教徒とキリスト教徒であった。ただダマスクだけは初期イスラム教の伝統が強く、市民の大多数は熱心なスンニであった。

アレッポのリドワーンという人物は、セルジューク・トルコ人とイスマイリ派との死闘による西アジアの混乱した世相の一面を代表する性格の持ち主であった。そしてこの性格と対蹠的なものがハサン・イ・サバーであるといえる。だが両者ともに極端なマキアヴェリストだったことは確かである。

周囲の情勢を観望して、リドワーンはたぶん一一〇七年ごろイスマイリと手を切った。その証拠をスンニたちに示すために、かれは数名のイスマイリを死刑に処し、多くの者を追放した。

リドワーンの裏切り行為はニザリ側の政策の一転機を画する原因になった。これまでニザリは主としてゲリラ的潜入、浸透作戦を採っていたが、ここに至って恒久的な前進根拠地、すなわち城市、あるいは堅固な城寨を設定することになった。

しかしリドワーンのイスマイリに対する態度はある程度依然として曖昧であった。十字軍の攻撃に対抗してアレッポを維持するために、かれは依然としてニザリを利用した。特に城門の守備と身辺の護衛には、危険ではあるが、勇敢なニザリが最も信頼できたからである。そのころアレッポで有力なペルシア富豪が街頭で暗殺された。暗殺はニザリの手によるものだとされ、この陰謀にはリドワーンが背後にあるという噂が立ち、怒ったペルシア人は市内のニザリを襲って虐殺を行なった。

リドワーンは一一一三年に死んだが、死期の近きを知ると、かれは二人の弟を死刑に処した。このような数々の悪業、裏切り行為にもかかわらず、かれは晩年にはスンニの大中心であるダマスクの宗主権を認められ、その他多くの都市を支配した。かれの側近者の多くはその死を痛惜したという。

*

セルジューク領内からニザリ勢力を掃討したのは、バルキヤールックとサンジャールの力によるものだったが、執拗なニザリは容易なことでは跡を絶つものではなかった。イスファハーンやアレッポにおけるかれらの威力が著しく衰えたとはいえなかった。ニザリの威力は普通の意味での軍事力——強力、有能な指導者の下の軍隊——という種類のものではなかった。ニザリの威力の源泉は個人であった。その重要な征服手段は暗殺で、それは単に首領や将領に加えられるのみではなく、必要とあらば商人も、学者も、誰でもが暗殺の対象にされた。

バルキヤールックが死ぬと、異腹弟のムハマッド・タパルが全セルジュークの長としてスルタンになった。そして二年後にはニザリ討伐の兵を起した。ムハマッドはまず部将に命じてバグダードの北にあるイスマイリ根拠地タクリートを攻撃させたが、これは失敗に終った。同時にスルタン・サンジャールはホラサンから南下してクーイスタンのニザリを攻めた。

ムハマッド・タパルは自ら兵を率いてイスファハーン地方のニザリの有力な根拠地シャーディズを包囲した。しかし各方面、セルジューク軍隊内にさえ潜入しているニザリの公然たる抵抗、隠然たるサボタージュによって攻撃はなかなか進捗しなかった。この間にムハマッドとニザリとの間ではしばしば交渉が行なわれ、ニザリはシャーディズを撤退する代りに他の城塞の要求を持ち出した。こういう交渉の間にも、包囲軍の将軍たちはしばしば暗殺者の脅威にさらされた。

包囲軍の総攻撃が行なわれるに至って、ニザリの大部分はアラムート、その他への撤退を条件として降伏したが、城主のアーマッド・イブン・アターシュは最後まで抵抗し、その妻は盛装して搭から身を投じ、アーマッドは捕えられた。かれはイスファハーン市に送られ、街路を引きまわされたのち、生きているまま皮を剝がれた。

シャーディズを攻略したセルジューク軍は進んでファールス、クーイスタン両地方の境にあるいくつかのニザリ城塞を破壊し、城民を鏖殺《みなごろ》しにしたが、イラン西部のハマダーンとスーサにはまだニザリの残党が住んでいた。この地方のユダヤ人はニザリと密接な関係にあり、ニザリを庇護していたという。

こうしているうちにもニザリの本拠と見られるアラムートが見逃されていたわけでは決してない。ムハマッド・タパルの下で新しく宰相になったアーマッドがアラムート征伐に差し向けられ、付近を破壊してまわったが、アラムート城塞そのものはついに陥落しなかった。そこでムハマッドはさらにアヌーシュテギン・シルギールという将軍を派遣した。この将軍はアラムートが難攻不落であることを知ると、持久的包囲作戦に転じた。毎年、収穫期になるとアラムート地方の畑や果樹園を襲って作物を荒した。その結果、いくつかの城は落ちたが、依然アラムートは持ちこたえていた。しかし封鎖作戦中にムハマッド・タパルが死んだという知らせに接すると、部将たちは早々に引き挙げ、シルギールもまた殿軍を指揮して退却したが、ニザリ軍の追撃を受けて、多数の兵を失い、多量の糧食、武器を敵に与えることになってしまった。

＊

その思想と行動の極端さから、ニザリ教団は正統スンニ宗と真向から対立したのみならず、異端と目されていたシーア宗とも袂を別つことになった。そしてニザリ教団の行き着くところは当然さらに極端に走るよりほかはない。しかしかれらはその極端な行動をもまた教祖ムハマッドに倣うものだと考えた。預言者ムハマッドは故郷メッカに容れられず、メディナに逃亡し、そこに最初のイスラム教団をつくって勢力を拡大した後、武力を以てメッカを屈服し、偉大なイスラム帝国を建設したのであった。

ニザリ教団の「メディナ」は一つではなかった。ニザリ教徒はエジプトのシーア宗から離れ、西アジアにおけるスンニ宗と対抗し、セルジューク人の支配に敵対した結果、かれらはその故郷を捨て、迫害をのがれて逃亡し、おのおのかれらの「メディナ」を建設せざるをえなかった。ムハマッドが故郷メッカを武力で恢復したように、ニザリたちもおのおの故郷の奪取を固く信じながら。ニザリ教団はこうして僻地を逃れると、セルジューク権力とスンニ宗に対する徹底的抗戦を開始した。これに対しセルジュークもまた仮借ない殺戮を以てひとりニザリ教団のみならず、イスマイリ派の各派を容赦なく弾圧し、その殲滅をはかった。

ニザリ教団の戦術は、時には相当の兵力を以てする戦闘も行ない、同教徒の集団殺戮があったシースタン地方に対する報復、アラムート城から遠からぬラミアッサール山寨の襲撃などもみられるが、大多数の場合はゲリラ的小集団による奇襲、あるいは単身での暗殺などの手段によるものであった。このような少数での襲撃や暗殺は、当時の西アジアの社会状態に適合したものといわなければならない。そのころ、バグダードのカリフ朝勢力の衰退とセルジューク人の封建的分権制度によって西アジアの各地方は、多くの大小諸侯とその家臣の領地に分割されていた。従って小規模な奇襲や暗殺でこれらの封建領地を各個撃破していく戦争のほうがいっそう実際的であり、効果的であった。

こういう戦法に有利な条件はもう一つあった。当時の社会は家柄や血統よりも、個人の能力により依拠していた。伝統的な貴族ではなく、たとえ出身は強盗であろうと、奴隷であろうと、強い者が権力を握る時代であった。こういう時代にあって領主、将軍、その他有力な指導者の殺戮、暗殺の方が、はるかに効果的、かつ最低の犠牲による権力への道であったにちがいない。しかし暗殺という手段はつねに危険を伴う、というよりはむしろ大多数の場合は暗殺者自身は、成功、失敗にかかわらず自分自身の命をも失うことを覚悟しなければならない。こういう意味で、暗殺は一種の自殺行為である。従って自殺行為を敢えてする暗殺には、つねに極度の狂信を必要とする。そしてニザリ暗殺者には敢えて自殺行為を犯すだけの個人的、および社会的動機が与えられていたのである。

イスマイリ派ニザリ教団の間にはつぎのような話が伝えられている。ニザリ暗殺者で生きて帰る者は絶無だと聞かされていたある母親は、その息子が死んだという知らせに接して、大いに喜び、盛装して息子の死を祝った。ところが話とちがって息子は生還した。母親はこんどは喪服をつけて息子を迎えた。かれらは肉体は精神を浄化するための道具に過ぎないと信じていたようである。

しかし暗殺を目的とする集団は政治的集団であり、かかる集団はその狂信的支柱を持たなければ存在しえない。このような支柱はたいていの場合、精神的あるいは霊的なものではなく、かえって強く現世的なもの、すなわち権力への意志である。戦場に出た人は、たいていの場合、左右で斃れる戦友を見ながら、なにか自分だけには弾丸は当らないだろう、という無意識の安心感を持って、弾丸雨飛のなかに飛びこむものである。ニザリ暗殺者にもこのような心理があったにちがいない。しかしそれだけでないこともまた確かである。これは「山の長老」の話でもわかるように、この暗殺者たちは死んでも現世と同じような悦楽にみちた、いい換えれば権力のある生活ができると信じていたのである。

ニザリ教徒の暗殺の論理には、さらに奇怪な点があった。かれらによれば、政治的手段としての暗殺によって、あらゆる人間は平等になるというのである。なぜならば、第一に暗殺は戦争に比較してはるかに生命の犠牲がすくなくてすむ。第二には、ただ一人の敵の中心的人物、指導者を殺すことによって敵味方、双方の多数の人命を失うことを避けうる。こういう論理に基づけば、暗殺は戦争よりはるかに人道的であり、慈悲的である。いわば一殺多生である。

このような思想と論理が健全な社会にとって危険きわまるものであるということは、アジア中世の為政者にとっても明らかであった。しかもニザリが暗殺という政治的手段を政策として正式に採用したのであってみれば、いかなる為政者を問わず、かれらが正気である限り、かかる狂信者の絶滅を図らざるをえないであろう。ところが当時の西アジアの情勢はこの危険きわまりない暗殺団の跳梁をしばしの間、ほしいままにさせることになったのである。

*

十二世紀の末にはペルシアではセルジューク朝の支配は完全に姿を消してしまった。その後に残ったものは各地に蟠踞する諸侯、諸将の地方的勢力争いである。他方、シリアは完全ではないが、エジプトの支配下に入った。

このころ北東方に新たな勢力が興った。西トルキスタンのトルコマン人が建てたホラズム国である。このトルコ系の民族はスルタン・サンジャールの支配下にあったが、その死後しだいに東方の旧セルジューク朝の領土を蚕食し、十三世紀の初頭にはホラズム・シャー・ムハマッドの下に西アジアの古代帝国の型に近い国家の建設に向って進みつつあった。この意味でムハマッド支配下のホラズムは部族国家的、あるいは封建的セルジューク国家とは異なる方向に向っていた。しかしムハマッドの折角の意図もその家族内の争いのため実現は困難で、帝国的な体裁を部分的には有していたが、実質的には依然たる部族国家の域を脱していなかった。

セルジュークに代ってホラズムが勢力を西方に伸ばし出すと、当然ニザリと接触することになり、ホラズム軍はまずカスピ海南岸の穀倉マザンデランに侵入し、ついでその部将ミヤージックはバグダード襲撃からの帰途にアラムートを襲った。ミヤージックはバグダード攻撃に失敗して打撃を蒙っていたので、兵力休養のためニザリに援助を求めた。アラムートのニザリはこの申し出を承諾して、その支配下の一村落を与えたところが、ホラズム兵は村長その他の有力者を殺害し、掠奪して引き揚げてしまった。その後、まもなくホラズム軍はカズヴィンを基地としてアラムートに対する本格的攻撃を計画した。その時、伝統的にニザリと敵対関係にあったカズヴィンと付近の有力な首長アリ・アル・ユーナイはホラズム軍に応援してニザリを攻めたが、ホラズム主力の撤退後、ニザリはたちまちホラズムの駐屯軍を撃破してしまった。これに対しアリ・アル・ユーナイは再びホラズムの出兵を要請した。ホラズム兵に包囲されたニザリは撤退を申し入れ、その条件として二隊に分れて撤退するが、先発隊が無事戦線を通過するのを見たら、本隊も撤退するというのであった。ニザリ兵の死闘ぶりを知っているホラズム軍はこの撤退条件を承諾し、先発隊が砦から撤退するのを見たので、本隊を待ったがいつまでも出てこない。そこで砦のなかに入ってみると、ニザリは一人も残ってはいなかった。

セルジューク勢力崩壊後のニザリにとっての第二の敵はゴール族であった。ゴール族はヒンズークッシュ山脈西部を根拠地とするイラン系民族で、自らペルシア古代の帝王の後裔と称し、ホラズムと対抗して西方に勢力を伸長しつつあった。そしてここでも当然ニザリと局部的に衝突するに至ったが、ニザリは例の柔軟戦術で、この慓悍な山地民族との正面衝突は回避した。ニザリ地方侵入のゴール族の首長シハーブ・アッディンはその作戦中に暗殺されたが、これもニザリの仕業といわれている。

バグダードのカリフはセルジューク覇権の下においても、その法王のような宗教的権威は失わなかった。十三世紀初期のカリフ・ナーシルはセルジュークに代わるホラズム勢力の擡頭に対し、イスラム共同体の理念を以てする対抗策を考え、イスラムの王侯に対するカリフの認承権を主張した。そして具体的にはバグダードのカリフを盟主とする諸侯連合の結成を説いた。同時に選民階級の名誉と勇気と連帯意識を強調し、ヨーロッパの騎士道に類似した制度の建設をはかった。このイスラム騎士道の主人公たちは、ヨーロッパの地主、貴族とちがって、主として都市の工匠階級であった。これをフトウワ教団といい、その主長にはナーシル自らが就任した。イスラムの旗幟の下における諸侯連合とフトウワ教団は、カリフ朝に再び確固たる基礎を与えることを目的とし、それによって東北からの第二の蛮族ホラズム人の侵入、征服を食い止めようとするものであった。

こういう情勢の変化の間にあって、ニザリは例の如く、反乱者、暗殺者、被圧迫者の保護者としての声望を保持し、同時にあらゆる権力者に恐れられ、西アジア一帯に隠然たる勢力を持ち続けた。

アラムートの主ハサン三世は一二二一年に死んだが、それからまもなくイスマイリの大敵であるホラズム帝国はチンギス・ハーンの中央アジア遠征によって滅亡してしまった。

6

チンギス・ハーンの中央アジア征伐

一二一一年、すなわちアラムートではハサン三世が「山の長老」の座についた翌年には、チンギス・ハーンのモンゴル兵は西トルキスタン北部のバルハシ、イシック両湖の間に横たわるセミリエチエ（七つの河）地方の征服を終っており、チンギス自身は当時、北中国の金国征討に主力を傾注しつつあった。そして一二一五年に北京はモンゴルの手に陥ちたが、金国の完全征服はまだできていなかった。

民多く、物豊かな中国の征服、あるいは中国との交易は昔から中央アジア、ペルシアの支配者の夢であった。ホラズム・シャー・ムハマッドもその一人であったが、モンゴルがいち早くタムガチ（北中国）を占領したという噂を聞いて、その真相を確かめようとした。特に東方の大国カタイを征服したチンギスの実力を知ることは、いつモンゴルと接触することになるかもしれないホラズム帝国にとってすこぶる重要な関心事であった。ムハマッドはバハー・アッディン・ラージという者に隊商を率いさせ、通商を口実としてチンギスの陣営に派遣した。

バハー・アッディンの一行は行く行くモンゴルの戦跡を見て、この北方の騎馬民の征服のすさまじさに胆を奪われた。死者の骨は道に山をなし、土地は血と脂で濡れ、腐敗した死骸の臭気はたえがたかった。一行のうちには荒廃した戦場の瘴気によって病気にかかる者もあった。

北京の城門の傍らには死骸が山と積まれていた。バハー・アッディンは北京が陥落すると、六万人の婦女が城壁から跳び降りて自殺したという話を聞いた。

チンギス・ハーンはホラズム帝からの使者としてバハー・アッディンを接見し、一行を厚くもてなした。チンギスはホラズム帝は西方の支配者であり、自分は東方の支配者である、二人は友好関係を保ち、両国は通商を盛んにすべきだと語った。当時、モンゴル人は長期にわたる戦争の結果、衣料や食物に不足し、遠くエニセイ河の流域からコムギを輸入するという情況であった。モンゴル人が必要とする物資の買い付けは、ほとんどウイグル人かイスラム商人の手に独占され、かれらは中国内地における集荷さえもその大部分を握っていた。このような時に、西方の大国ホラズムから通商の提議を受けたので、チンギスは喜んで承諾したわけである。

しかるにホラズム側では、モンゴルとの修交政策において必ずしも一致していたわけではない。ムハマッドの意図はあくまで政治的で、チンギスを将来の危険な敵手と見て、その真意と実力を探ろうとした。かれはモンゴルを通じての中国との貿易にはあまり関心はもたなかった。これに反してホラズム領内の富商階級は専ら経済関係に眼を向けていた。十三世紀初葉にはペルシア湾の主要な貿易港ホルムズとキシュの関係が悪化し、この二都市の争いが激しくなって、海路による東方貿易はほとんど杜絶の状態になっていた。そこで富商たちは陸路、中央アジア経由の貿易路の通行を強く望んだ。かれらはモンゴルへの使節派遣の機をとらえて、三人の代表者を同行させ、金繡、綿布等を交易品として携えさせた。かれらはチンギスに謁して商品をならべて見せたところが、チンギスはこれらの品物を適当な値段で買い上げてくれた。その上、チンギスはイスラム商人たちに、モンゴル人と同様な白いフェルトの天幕に住む特権を与えた。

*

チンギス・ハーンは答礼としてホラズムに使節と隊商を派遣することにした。その長にはホラズミアのマームード、ボハラのアリー・ホージャー、オトラルのユースフ・カンカという三人の中央アジア人を任命し、ラクダの背中のこぶほどもある金塊、玉、麝香《じゃこう》、白いラクダの毛で織った布などの貴重品をムハマッドへの贈物として携えさせた。一行がボハラに到着すると、ムハマッド帝は謁見を許して、商人の代表たちの報告を聴取した。チンギス・ハーンがムハマッドを「最愛の息子同様に思う」といったことを伝えると、ホラズム皇帝は心中でいたく憤った。翌日の夜、ムハマッドは三人のうちのホラズミアのマームードをひそかに召し寄せ、多額の報償を餌にモンゴルに関する情報を提供させた。マームードはチンギスがタムガチの都（北京）を征服したと伝えると、ムハマッドはたとえタムガチを占領しても、卑しい異教徒であるチンギスなどは到底ホラズム皇帝と同列に並ぶ者ではないのに、自分を息子と称するなぞ言語道断だといった。ムハマッドの怒りに驚いた商人たちは、モンゴル兵の数はホラズム軍とは較べものにならないとお世辞をならべた。これでようやく怒りを収めたムハマッドは、チンギスとの友好条約を承諾することにした。チンギスはその使節と前後して交易のために隊商をホラズムに派遣した。隊商は四百五十人のイスラム教徒の商人、五百頭のラクダで編成され、金、銀、絹、テンの毛皮、その他の商品をラクダに満載して出発した。このカラヴァンがオトラルにつくと、その総督イナルジュックによってスパイとして捕えられ、商品はすべて没収された。そして一行はことごとく殺戮されてしまった。総督の行為は自分の意志によるものか、ムハマッドの指令かはわからないが、とにかく没収した品物はボハラとサマルカンドのバザールで処分され、その代金がホラズム帝の財庫にはいったことは確かである。

ホラズム・シャーはもともとスパイをさせることが目的で、親善や交易のために使者を送ったのではない。従ってモンゴルの大カラヴァンに対してスパイの疑いをもったのは、自分の場合に較べてみて当然であった。

チンギスはムハマッドの挑戦的行為に対してよく自制し、正使イブン・カフラジ・ブグラ他一名のモンゴル人をつけてホラズムに派遣し、隊商の殺戮、掠奪に対する抗議を申し入れ、責任者イナルジュックの身柄引渡しを要求した。しかるにムハマッドはイブン・カフラジ・ブグラを殺し、副使のモンゴル人の髯を剃り落して追いかえした。

ここでチンギス・ハーンははじめてホラズム征討の決意をかためた。当時、西方のバグダードのカリフ朝はホラズムを挾撃するためにニザリと協力したり、さらにヘラートのゴール人、東トルキスタンの西遼（カラ・キタイ）のクチュルクなどに接近したことがあるし、神聖ローマ皇帝フレデリック二世がイスラムに対する共同戦線にモンゴルを引き入れようとしたという噂もあった。しかしチンギスのホラズム征伐の直接の動機が使節の殺害にあったことに疑いはない。もしチンギスにホラズム征討をためらわせる、なにかの理由があったとすれば、それはホラズム帝国の実力の過大評価であったであろう。もう一つの、おそらくいっそう重大な理由は、当時進行中の北中国の金国征伐であった。

西遼のクチュルクはもともとモンゴルの西方部族の一つ、ナイマン族の公子であったが、チンギスに反抗して敗れ、西走して西遼に入り、その国を簒奪した者である。従ってモンゴルが西征しようとするならば、まずクチュルクを撃たなければならない。クチュルク征討には名だたる猛将ジェベが二万の騎兵を率いて派遣された。当時、クチュルクは東トルキスタンのアルマリックを攻撃中であったが、ジェベ軍の近接を知って退却し、ジェベはこれを追って南下し、トルキスタン西南部の中心地カシュガルに侵入し、支隊を派してセミリエチエ地方に遁走したクチュルクを追跡させた。ナイマンの残党と西遼軍は苦もなくモンゴル兵に撃破され、クチュルクはサーリ湖畔で殺されてしまった。

*

チンギスは金国の完全征服を最も信頼する左翼軍の大将ムハリにまかせて、一二一九年夏自ら大軍を率いて西征の途につき、イルティシュ湖畔に兵馬を休め、各方面から兵を集めたが、その数は数万のモンゴル騎兵を中核とする諸民族の兵およそ十五万前後であったと推定される。これに対するホラズム側の兵数は、はるかに多かったといわれる。しかしホラズム・シャー・ムハマッドは麾下の諸侯、諸将と必ずしも一致せず、そのために全兵力を自在に動かし、配置することができなかった。

ホラズムのある将軍は兵力をヤザルテス（シル）河畔に集結し、モンゴル遠征軍の行軍の疲労を衝くべしといい、他の者はトランスオークシアナを放棄して一旦退却し、モンゴルを不案内の土地に深く誘引した後に反撃せよと主張し、さらに他の者はヒンズークッシュ山脈南辺のガズニまで兵を引き、形勢によってはインドに退くことを考慮しようといった。ムハマッドは結局、サマルカンドの防備の強化とモンゴルに対する長期抵抗を命じた後、自らはその南方オクサス（アム）河南岸の要衝バルクに主力を集結しようとしたが、主要なオアシス都市を放棄するに忍びず、兵力を割いて各都市の防備を指令した。こうした兵力分散は結局ホラズム帝国崩壊の直接原因になった。

とかくするうちにモンゴル騎兵はまずオトラル前面に姿を現わした。オトラル付近でチンギスは全軍を四隊に分けた。第一隊は主としてウイグル兵で、チンギスの次子チャガタイ、第三子オゴタイの指揮下にオトラルの攻撃を命ぜられた。第二隊は長子ジュチの下にヤザルテス河地方の平定に向い、五千の小部隊が第三隊としてバナーカット、ホージェントの占領を命ぜられた。最後に本隊はチンギス自ら指揮をとり、第四子トゥルイを伴って、ムハマッドの退路を扼することになった。

中央アジア史上、チンギス・ハーンの西征以上に悲惨な事件は他に見出されない。東洋と西洋を結ぶこの広大な地域は、モンゴルの遠征によって荒蕪の地と化し、アレクサンドロス大王の遠征以来千年の文化、仏教、キリスト教、イスラム教の交流によって生まれた伝統はほとんど壊滅してしまった。タシュケント、ボハラ、サマルカンド、メルヴ、バクトリア、バルクなどの古代から繁栄を続けてきた大オアシス都市は廃墟と化し、住民の殺戮される者、数百万といわれる。モンゴルの中央アジア征服の爪痕は、二十世紀においてさえ回復されていない。モンゴル侵入以前に豊穣を以て知られたオアシスでいまだに無人、荒廃の野となっている土地はすくなくない。

モンゴル騎兵の進むところ敵する者はなかった。かれらの進撃は文字通り燎原の火のごとく、これを遮るものとてなかった。もしあったとすれば、ホラズム帝ムハマッドの王子で勇猛を以て聞こえたジェラル・アッディンがモンゴルの勇将シギ・フトクトの軍をヒンズークッシュ山中に破ったことぐらいであろう。しかしこれもチンギス西征の一エピソードにすぎず、まもなくチンギスの親征に会ってジェラル・アッディンの軍勢は潰滅してしまった。

チンギスの遠征は西方においては、だいたい東ペルシアのニシャプールの線で停止したといってよい。それから西方へは、ただ少数の部隊による威力偵察が行なわれたのみである。しかし名だたる勇将ジェベ、スブタイに率いられたこの部隊はイラン高原を西進し、バグダードのカリフ朝の実力のほどを確かめ、カスピ海の西岸を北上してアジェルバイジャンを過ぎ、カフカズの険を越えて南ロシアに進出した。この部隊による威力偵察の結果は、二十余年後のオゴタイ・ハーンの時代のバトゥのロシア、ハンガリーの征服、さてはポーランド、東ドイツへの侵入となって現われることになった。モンゴルのイラン、ロシアの征服は実にチンギスの中央アジア遠征にその端を発したものだといえる。

7

首都カラコルム

一二五四年四月五日、遅い春の息吹きがようやくモンゴリア高原をおとずれはじめたころ、旅行者の一団が大モンゴル帝国の首都カラコルムに向って馬を進めていた。あちらこちらに椀を伏せたような白いテントの群れが見え、その付近には馬や牛や羊が放たれ、小牛ほどもある大きな犬が走りまわっていた。

この旅行者の一団のうちに三人のヨーロッパ人がいた。一行のうちにはシリア人、キプチャック人の少年とそのほかに数名のモンゴル人がまじっている。

三人のヨーロッパ人の名前はギヨーム、バルトロメウ、ゴセットといった。ギヨームはフランスのフランドル地方にあるルブルク村出身の人で、フランス王聖ルイの側近に仕えるフランチェスコ派の僧であった。バルトロメウはイタリアのクレモナの人でこれもまた同じ派の僧である。ゴセットは俗人でルイ聖王からモンゴル皇帝に呈する数々の贈物の管理者であった。シリア人は一行の通訳で、少年は南ロシアに住むトルコ系遊牧民キプチャック人出身の奴隷であったが、ギヨームがイスタンブールの奴隷市場で買い取り、身辺の世話をさせるために伴ってきたものである。

チンギス・ハーンは一二二七年、西夏征伐の途中、甘粛の六盤山で死んだが、モンゴル帝国の勢威は衰えるどころか、かえってますます熾んになる一方であった。二代目の帝位に即いたオゴタイ・ハーンは父の遺命である「モンゴル騎兵の蹂躙し得る限り西方の地は長子ジュチに与える」ということを実現するため、早く亡くなったジュチの子バトゥを総大将に大軍を派してロシアを征服し、遠くポーランド、東ドイツにまで攻め入らせた。バトゥはオゴタイ・ハーン死去の報に接して、軍を返したが、モンゴリア本地には帰らずヴォルガ河畔にサライという都を築いてロシアを支配することになった。西ヨーロッパへの遠征は中止になったが、ロシアに留まったモンゴル人はその後も絶えずポーランド、ハンガリーなどに出没して掠奪を行ない、町や村を劫掠してまわった。

モンゴルの侵入を蒙ったヨーロッパの恐怖は大きかったが、ヨーロッパ人はこの獰猛な騎兵民族についてはほとんどなんらの知識も持っていなかった。かれらにとってモンゴル人の来襲は全く寝耳に水であり、暗黒のなかから突如として躍り出した悪魔としか思えなかった。

バトゥの遠征軍がドイツ、ポーランド、ハンガリーから突然引き揚げた後、ようやく我にかえったヨーロッパの王侯や法皇はこの未知の民族に関する情報を探り、再度の侵寇に備えることになった。それまではモンゴル人に関しては、太古の時代にモーゼの掟にそむいて黄金の牛を追って東方に去った種族で、アレクサンドロス大帝によってカスピ海の彼方に閉じこめられたものである、というような伝説や、モンゴル人はギリシア神話の地獄の民タルタルが人間の堕落を罰するために、地上に現われたものだというような話が口から口へ伝えられていたに過ぎない。

ヨーロッパ人のいうタルタル、すなわちモンゴルに関する最初の正確な情報を伝えたのは、シリアのイスマイリ派教徒であった。チンギス・ハーンはこれより先、一二一九年から一二二四年まで五年間にわたって中央アジアに遠征し、そこから支隊を派遣して西アジア一帯を蹂躙させた。この遠征によって西アジアはモンゴル人と早くから接触したので、イスラム教徒たちはモンゴル人について相当の知識を得ていた。特にペルシアの諸地方に勢力を有していたイスマイリ派はモンゴルの侵入によって大きな打撃を蒙っただけに、モンゴルの動静に関する情報にはつねに注意を怠らなかった。シリアのイスマイリ派は一二三八年にイギリスとフランスの王に使者を派遣し、十字軍戦争を一時中止して、モンゴル人の侵寇に対し共同戦線を設けることを提議している。

*

情報といえば、この点ではモンゴルの方が数段上であった。モンゴルはすでにチンギス・ハーンの西征当時、勇将として聞えたジェベ、スブタイの両将に命じて、イラン高原を横断してカスピ海西岸に沿いカフカズを越えてロシアに侵入させたが、これは征服を意図したものではなく、一種の威力偵察の任務を帯びた遠征であった。またヨーロッパ進攻軍の総帥バトゥがポーランド、ドイツ、ハンガリーに侵入する以前に東ヨーロッパの情勢をかなりよく知っていて、作戦を誤らなかったのも、スパイの巧みな使用にあったものといってよい。モンゴルのスパイ活動については、モンゴル侵入の後につくられたおもしろい民謡がボヘミアに残っている。すこし長くなるが、つぎに掲げてみよう。

邪《よこしま》な心を持って、
歩きまわった人々について、
語るも心痛むことながら、
のちにタルタル人が劫掠した、
諸国を歩きまわった、
カルタシという民があった。
その数はあわせておよそ五百人。
かれらの風俗はきわめて変っていた。
わが国をかれらがさまよい歩いたさまは、
まことに奇異な眺めであった。
頭には高い帽子をいただき、
身には短い服をまとい、
懐中には縄を持ち、
流れ行く小川から、

じかに手ですくって水を飲む、
きわめて簡単なものであった。
食を乞う時には、
感謝して神をガルタスと呼び、
とにもかくにもガルタスという。
よって人々はかれらを名づけてカルタシと呼んだ。
ルーネンの紋章の楯に描かれた葉が、
またカルタッシと呼ばれるのも、
これに由来することは、
世に知られている。
ついにライン河に達したのち、
かれらは再び引き返して去った。
ボヘミア人の大いなる不用心を、
われらは後悔することとなったが、
これを咎めざるを得ない。
かれらがこの者どもを自由に歩かせ、
国中をさまよわせて、

見て歩き、
偵察するにまかせたのは、
不明の致すところ、
苦き経験になった。
この者どもを一人も生かして、
帰させるのではなかった。
しかるに放置し、
国々を歩きまわらせた。
何となれば不幸にも、
その翌年、
タルタル人はこの国に攻め入り、
三つの道を併せ進み、
道に迷う風をして、
もろもろの町をめぐったが、
かれらはスパイを伴い、
スパイはかれらを導いた。
ついにかれらはクヨウイアムの町を奪い、

また広い草原の戦いで、
ハンガリーの王を破り、
さらにはポーランドを劫掠し、
何ものも容赦することなく、
多くのキリスト教徒を殺した。
しかるのちかれらタルタル人は、
大軍を率いてオルミュッツに押し寄せ、
その折にボヘミアの王子を殺した。
王子の後見者と
その護衛兵をば、
絞首刑に処したのは、
かれらが主君を大事にしなかった咎による。
タルタル人は引き返し、
ブレスラウの城外にあった時、
ハインリヒ・ブローダ侯が攻撃を加えたが、
かえっていたく武名を傷つけた。
タルタル人はかれの首級を、

槍に貫いて持ちまわり、
国中を荒らしまわった。
ボヘミア人はたちまち恐れおののき、
急いで城壁を築き、
プラーハの町を壁にて固めた。
途中の河の手前にも、
防壁を築いたが、
全ポーランドは見渡す限り、
タルタル人によって荒廃の野となった。
最後にかれらはその軍勢をそろえて、
グラタウに攻め寄せた。
ドイツの各地から多くの民が、
ボヘミアに移動してきて、
かれらとその王は、
シッタウ河を渡り、
タルタル人に向って進撃したが、
この軍勢の進撃を知ると、

この悪党どもは逃げうせた。
何となればスパイはさきに、
かれらは何人をも恐れねど、
ただボヘミア人とは心して、
戦うなかれと、
伝えてあったから。
かくてかれらは勇気を失ったのだ。

この歌謡はモンゴル軍がヨーロッパに侵入する以前に、いかに周到な敵情偵察を行なったかということをよく描いている。

*

ヨーロッパの王侯や法王はイスマイリ派の使者によって得た情報に基づき、さらに詳しくモンゴルを知り、かつはできるなら逆にモンゴルを利用して東西から宿敵イスラム教徒を撃つことをも考えた。こうした計画の第一は法王インノケンティウス四世によって試みられ、フランチェスコ派の高僧プラノ・デ・カルピニは命を受けて一二四五年、リヨンを出発してモンゴリアに向い、当時の皇帝グユク・ハーンに謁して帰り、法王に復命書を呈した。

プラノ・デ・カルピニは帰国後まもなく、フランスのルイ聖王に謁したが、ルイはプラノのもたらした情報に大いに興味を抱き、特に東方の諸地方にすくなからぬキリスト教徒がいることに深い関心を持つことになった。後に聖者の列に入ったほど敬虔、熱烈な信者であったルイ王は、これら東方のキリスト教徒は異端であるネストル派に属することを聞き、カトリックの僧を派してかれらを改宗させることを思い立った。そうしているうちにルイ聖王は地中海のキプロス島に赴いたが、その時ペルシアに駐屯していたモンゴルの将軍イルチギダイの派遣した使者の訪問を受けた。ヨーロッパの史料に見えるこの将軍は中国の史料には野里知吉帯として出てくる。このイルチギダイの使者がモンゴルとキリスト教徒が手を結んでイスラム教徒を破り、聖地エルサレムをキリスト教徒の手に渡そうという提議をした。使者は名前をサブエッディン・モリファット・ダヴィデといった。かれはさらにグユク・ハーンの母はキリスト教徒で、モンゴル人のうちにもキリスト教徒がすくなくないと告げ、使者の主人であるイルチギダイ将軍自身もキリスト教徒に改宗したといった。

ルイ王はダヴィデの言葉で大いに喜んだが、たまたまその前後に、あるアルメニア人でモンゴルの宮廷に使した者から東方におけるキリスト教について記した書簡を受けとった。

そこでルイ王はイルチギダイばかりでなく全モンゴルの皇帝グユク・ハーンに対しても使者を遣わす決心をした。王が最初に使者として選んだのは、西アジア駐屯のモンゴル軍指揮官バイジュのもとに行ったことのあるアンドレアスというアラビア語の上手な、やはりフランチェスコ派の僧であった。

アンドレアスは一人のイギリス人をまじえた三人の一行を率いてモンゴリアに向ったが、中央アジアのイミルについた時、グユク・ハーンは死し、皇后のオグル・ガイミシュが摂政になっていることを知った。アンドレアスの使命に対する摂政皇后の返答は芳《かんば》しいものではなかった。アンドレアスは摂政皇后の返書を携えて帰ったが、その内容はすこぶる傲慢なものでルイ王を失望させたに過ぎなかった。しかしアンドレアス一行はモンゴル人に関する多くの事実を伝えた。その話のうちで特にルイ王の心をうったものは、チンギス・ハーンの孫でロシアを征服してその王となったバトゥの子のサルタクがキリスト教に改宗したということであった。

そうしている間にルイ王は、神聖ローマ皇帝ボールドウィン二世が南ロシアのキプチャック人首領のもとに派遣した使節団に加わった騎士の一人が、モンゴルの首都カラコルムに行ったことを聞いた。ギヨーム・ド・ルブルクはルイ王の側近に侍していたので、これらの話を聞き、自分も何とかしてモンゴル人の国を訪れ、この辺鄙な東方に住むキリスト教徒を訪れたいという熱望を抱くようになった。

これを知ったルイ聖王はギヨームを励まし、若干の金銀を旅費として与え、モンゴル皇帝に対する贈物を用意して出発させた。しかしオグル・ガイミシュに会った結果が思わしくなかったアンドレアスの例もあるので、ギヨームの旅行はあくまで私的なものということにするよう命じた。

ギヨーム・ド・ルブルクの一行はポーランド、ロシア経由の交通路をとらず、黒海に浮かんで南ロシアに入った。一二五三年五月七日、イスタンブールを出帆し、クリミア半島のソルダイアに上陸して陸路をとり、一路東方に向った。はじめてモンゴル人の天幕群《オルダ》に出会った印象を記してかれは、

「モンゴル人にはじめて接した時、わたくしは全くの別世界に入ったように感じた」といっている。ヴォルガ河畔のサライでバトゥに会い、さらに東に進んでサルタクの宿営を訪れたが、ここでギヨームは噂とちがってサルタクはキリスト教徒でないことを知った。

しかしかれは東方への旅を続けた。こうして一二五三年十二月二十七日、マング・ハーンの冬の天幕《オルダ》に到着し、ハーンに謁してしばらくそこに止まった後、翌一二五四年三月二十日になってマング・ハーンのオルダの移動にともない、ほど遠からぬ首都カラコルムに向った。一行がこの遊牧民の首都に着いたのは、四月七日のことであった。

マング・ハーンの宮廷はカラコルムの城外にあった。この都は四方に土壁をめぐらした、さほど大きからぬ町である。町は截然と二つの区画に分かれており、その一つはイスラム

教徒の居住区で、大きな市場があり、たくさんのモンゴル人や西域諸国からきたさまざまな人種で賑わっている。もう一つは中国人の居住区で、かれらの大部分は工匠であった。この都のうちには十二の仏寺、道観があり、そのほかに二つのイスラム寺院があった。キリスト教会は一つで、それは城壁に接して建てられていた。城門は東西南北と四つあって、東門の近くには、麦、米、粟などの穀類の市場があり、西門付近には市場が設けられ、羊や山羊、南門では牛と車、北門では馬が売買されている。

*

モンゴリアにきたギヨーム一行はモンゴル人の奴隷になっている多くのヨーロッパ人に出会った。最初に会ったのはマング・ハーンの宮廷の奥向きに仕えているフランス女であった。彼女はロレーヌ州メッツの生まれでロシアからきたルテニア人の妻になっていた。そのほかノルマン人の僧正、バジルという名のイギリス人などに会ったが、このようなヨーロッパ人のうちでも変った存在はパリ生まれの金工ギヨーム・ブーシェであった。ブーシェの妻はやはりフランス人であったが、生まれたのはハンガリーであった。この二人に養子があったが、これは各国語に通じた名通訳であった。カラコルムのヨーロッパ人は日曜日にはブーシェの家に集まって、ルイ王の使者のために晩餐会を開いてくれた。

これらのヨーロッパ人の男女は、いずれもバトゥの軍がヨーロッパに侵入した時、捕虜となってモンゴリアに送られたものである。ブーシェは優れた工匠であった。かれはモンゴル宮廷の命を受けて中国人の工人たちと協力してさまざまな家具、装飾品、器具などを製作して、マング・ハーンやモンゴル王族たちの気にいられた。しかしかれの身分は依然として奴隷にすぎなかった。かれははじめはチンギス・ハーンの第四子トゥルイの未亡人でマング・ハーンの生母にあたるモンゴル貴婦人の奴隷として数年を過ごした後、マングの弟アリ・ブハに与えられた人である。

モンゴリアにいたヨーロッパ人のうちでは、フランス人が最も文明人だとみなされていた。モンゴル人は西ヨーロッパ人をすべて——ロシア人を除いて——フランク人と呼んだ。フランス人は宮廷で厚遇されたが、ドイツ人の捕虜はみなジュンガリア山地に送られて鉄鉱の採掘人夫として使用された。ヨーロッパ人がモンゴルについては極めてわずかしか知っていないのに較べて、モンゴル人はヨーロッパに関してかなり正確な知識を持っていた。マング・ハーンはローマ法王のことも、神聖ローマ皇帝についてもよく知っていた。ルイ聖王の十字軍に関してはかなり詳しい情報を持っていた。マング・ハーンは来たるべき西アジア遠征に際してフランク人と協力して、サラセン人を挟撃することさえも考えていた。金工ギヨームが身分は奴隷ではあったが、宮廷から厚遇されていたのも、一つにはマング・ハーンがフランク王国についての知識を得るためであった。

＊

ギヨーム・ド・ルブルク一行がカラコルムに到着した翌日、かれらはモンゴルの高官ブルガイに喚び出された。ブルガイの役所につくと、一行は一人ずつブルガイから直接取調べを受けた。取調べはすこぶる念の入ったもので、結果は詳細にマング・ハーンに報告された。ギヨーム一行はブルガイの訊問がこれまでかつてなかったほど厳重なのに驚かされたが、その理由はすぐにわかった。

噂によると、このころニザリ派の暗殺団がモンゴリアに潜入しているとのことであった。そのためカラコルム、特にマング・ハーンや王族、将軍などの身辺は厳重に護衛されており、身許のはっきりしない西域人は厳しい取調べに会っていたのである。ギヨーム一行がマング・ハーンの宮廷を訪れる前に、ペルシアのカズヴィンのシャムス・アッディンという大法官で領主であるペルシア人が宮廷を訪れたことがあるが、その時このペルシアの有力者は長衣の下に鎖鎧をつけていた。マング・ハーンが場所にふさわしからぬ装束の理由を訊ねたところが、シャムス・アッディンは世界のいかなる所に行ってもイスマイリ派暗殺者の襲撃に対する用心が必要だと答えた。このことはマング・ハーンをいたく驚かせた。

モンゴル人はチンギス・ハーンの西征当時から悪名高いこの暗殺者教団との接触はあっ

たが、まさか遠く離れたモンゴル人の本拠まで暗殺者を派遣することがあるとは考えていなかった。後にマング・ハーンが弟のフラグ・ハーンを総大将にしてチンギス・ハーン西征以後再度の大規模な西方遠征を行ない、ついに西アジア一帯をモンゴル帝国領とするに至った有力な動機の一つが、この兇悪なイスマイリ暗殺団の殲滅にあったことは疑えない。しかしカズヴィンの大法官が衣の下に鎧を着てマング・ハーンの前に出たこと自体はシャムス・アッディンの巧みな演出であったかも知れない。かれの領地のカズヴィンはニザリの本拠に近く、つねに暗殺の脅威を蒙っていたから、マング・ハーンに謁することの機会をとらえて、モンゴルの力を藉りてニザリ派イスマイリを退治しようという考えに出た策かも知れない。

*

イスマイリ派暗殺者団について最もよく知られている資料は、マルコ・ポーロ旅行記のうちの一節である。マルコはつぎのようにこの奇怪な中世イスラム教団について述べている。

むかし、異端派という意味のムラーヒダ(イスマイリ・ニザリ派)の国に「山の長老」

といわれる首領がいた。山の長老は高い山と山との間の谷間にかつてないほど美しい花園をつくった。そこにはありとあらゆる果実が実っていた。そこには人が見たこともないような立派な宮殿があり、その内は金銀で飾られ、壁には地上の美しい万物が描かれていた。花園には小さな流れがあって、その一つにはブドウ酒、つぎのには乳、つぎのには蜂蜜、またつぎのには冷たく清い水が流れている。宮殿には多くの美女が住み、あらゆる種類の楽器をかなで、歌い、そして舞うのである。

山の長老はこの宮廷をパラダイスと呼び、人々にもそう信じこませた。ムハマッドによれば、パラダイスに行った者は誰でも多くの美女に取り巻かれて、堪能するまで楽しむことができると教えた。またパラダイスには、ブドウ酒と乳と水の川があるといった。それで山の長老はこのような花園と宮殿をアラムートの谷につくったのである。

このパラダイスにはいれるのは暗殺者だけであった。パラダイスへの入口には何人も越えられないほど堅固な城塞が聳えており、これがただ一つの通路であった。

山の長老は十二歳から二十歳までの間の強壮な若者を宮廷につれてくる。かれらはこれが預言者ムハマッドが説いた天上のパラダイスだと信じこむ。かれらは十日でも二十日でもここに住むことを許される。この宮廷へ若者をつれてくるにはつぎのようにする。強い若者を見つけると、ある薬を飲ませる。若者は薬で寝入ってしまう。その間にかれを花園に運びこみ、目をさました時、まえのようにここは天上のパラダイスだという。

美女とともに暮し、音楽を聞き、歌い、そしてほしいままに美女と楽しむ。そうするとかれらは、いつまでもこのパラダイスに住み続けたいと考えるようになる。山の長老はこうして素朴な山の民に、自分を預言者だと信じこませた。

山の長老が誰かを殺したいと思う時には、これらの若者を使うのである。一度この花園の生活をした者は、そこを離れようとは思わなくなる。それでかれらは何でも山の長老の命令に従うのである。暗殺の命令を受けて任務に成功して帰ってくると、またパラダイスの生活が楽しめるのである。しかし敵に殺されて二度と還ってこない者も多い。暗殺者を派遣する時には、山の長老は必ず家来に尾行させ、その若者が勇敢であったかどうかを報告させた。

こうして山の長老は、パラダイスに住まわせてやると称して多くの若者を使い、たくさんの高位の人たちを暗殺した。何人もこの山の長老の暗殺の手から逃れることはできなかった。山の長老はこのようにして多くの王や貴族を脅かして、かれらを服従させ、貢物を取り上げていた。

以上がマルコ・ポーロの語ったニザリ派イスマイリの暗殺団である。この話はマルコ・ポーロだけではなく、後にフビライ・ハーンの時代に北京にきたオドリコその他も同様のことを伝えている。つぎに述べるように、このムラーヒダ暗殺者のことは、元時代の中国人の記録にも載せられている。

＊

兄のフビライ・ハーンが中国の皇帝で弟のフラグ・ハーンがペルシアの帝王だったこの時代、中国と西アジアの交通は自在で、多くのペルシア人、中国人がおたがいに往き来していた。元代の中国の史料を一瞥しただけでも、いかに多くのペルシア人が中国に居住していたかがわかる。元朝ではペルシア語が一種の国際語であった。マルコ・ポーロは前後十七年にわたってフビライ・ハーンに仕えたが、中国語はついに解しなかったらしい。モンゴル語とペルシア語で用が足りたからである。

当時の元朝の宮廷ではもちろんモンゴル語が公用語で、中国語などはほとんど使用されず、異国人の間の話にはもっぱらペルシア語が使われていた。元朝に仕えた中国人で高位高官に昇った人は極めてすくなかった。そしてそういう中国人は宮廷ではモンゴル語かペルシア語を使った。だからマルコ・ポーロは数カ国語に通じていたといわれるが、それはモンゴル語、ペルシア語、トルコ語、アラビア語などで、中国語ではなかった。マルコ・ポーロはそんなにながく中国に住みながら、ついに中国語を学ぶ必要は感じなかった。マルコ・ポーロの旅行記をよく読むと、かれが中国語を解しなかったことはほぼ確かである。

ペルシア語がよく使われた証拠に、有名な北京郊外の蘆溝橋をマルコ・ポーロはプール・イ・サンギンと書きしるしている。プール・イ・サンギンはペルシア語で「石の橋」の意味で、いまに残る蘆溝橋のことである。

多くのペルシア人が中国にきたと同様に、中国人で西アジアに行った者も決してすくなくなかった。ペルシアの史書によると、元朝はペルシアのモンゴル王朝であるイル・ハーン王朝に、ある時、二千人の中国人の陶工を送ったという。ただ異なるところは、元朝のペルシア人はモンゴル人に重用されて高位高官に昇ったが、イル・ハーン朝の中国人はむしろ低い地位しか与えられなかったという点である。モンゴル人の眼に映じたペルシアと中国の間にはそれだけの違いがあった。

早くから西アジアの文化に接していたモンゴル人にとっては、中国文化はさほどのものとは映じなかったのであろう。フビライ・ハーンも一応は中国文化を認めはしたが、自らは中国語は全くわからず、中国人とはすべてモンゴル語で話すか、あるいは通訳つきで意思を通じた。元代の葉子奇という人が書いた『草木子』というおもしろい書物につぎのようなことが載っている。ある時、世祖（フビライ・ハーン）が中国人の通訳に対し、

「孔子という人はどんな人か」

ときいたところが、通訳は、

「孔子は天のケレマチ（モンゴル語で通訳のこと）でございます」

と答えて、おほめのことばを賜わった。「天の通訳」という意味は、孔子は天道を説いた人だということを、当意即妙にモンゴル語で表現したわけである。元朝の文書などはすべてモンゴル語が原文で、それが中国語に翻訳されたものである。世祖以後のモンゴル皇帝のうちには漢詩をつくった者もあるといわれ、そのいくつかは伝えられているが、これは疑わしい。おそらくは中国人儒者の代作であろう。

＊

フラグ・ハーンのペルシア征伐がほぼ完了した一二五九年、マング・ハーンは常徳という中国人をペルシア駐在の弟フラグのもとに派遣した。常徳の使命が何だったかはわからないが、その旅行談が劉郁という人によって記録された『西使記』という紀行文が伝わっている。常徳の『西使記』にはムラーヒダ、すなわちイスマイリ・ニザリ討伐の記事が載せられている。つぎにその部分を読み下し文で引いてみよう。

殢埽児城《セブジバール》は、山みな塩にして水晶の如し。西南近きこと六、七里にして、新たに国を得、木乃奚《ムラーヒダ》と曰う。牛はみな黒色にして、地に水なく、土人は山嶺を隔てて井《いど》を鑿《うが》つ。相い沿う数十里にして、下は以て田に漑《うるお》す。属するところの山城三百六十。すでにしてみな下る。ただ担寒《ダムガン》の西の一山城、乞都不孤峯《ギルドクー》は峻絶にして矢石する能わず。丙辰の年（一二五六年）、王師城下に至るに、城は高険を絶し、これを仰視するに、帽ために墜つ。諸道並び進み、敵大いに驚く。火者納失児《ホージャ・ナーシル》来たって欵《かん》を納る。すでにして兀魯兀乃算灘《ロクン・アッディン・スルタン》出で降る。算灘《スルタン》はなお国王のごとし。その父は兵を領して別に山城に拠り、その子をしてこれを取らしむ。七日にして陥る。金宝の物ははなはだ多く、一帯にして直《あたい》銀千笏なるものあり。その国の兵はみな刺客なり。俗として男子の勇壮なる者を見れば、利を以てこれを誘《いざな》い、父兄を刃し、しかる後に兵に充《あ》つ。酒に酔わしめ、扶《たす》けて窟室に入らしめ、娯《たの》しましむるに音楽、美女を以てし、その欲を縦《ほしいまま》にせしむること数日にして、またもとの処に置く。すでにして醒むれば、その見るところを問い、これをしてよく刺客とならしめ、死するも福を享《う》くるとす。かくの如くにして因《よ》って授くるに経呪を以て、日に誦せしむ。蓋しその心志を蠱《まどわ》し、死して悔いなからしめ、潜《ひそ》かに未だ服せざるの国に使いし、必ずその主を刺さしめて後やむ。婦人と雖もまた然り。その木乃奚《ムラーヒダ》は西域中最も兇悍となし、鄰国を威脅し、覇たること四十余年なり。王師すでに克《か》ち、これを誅して遺類なし。

常徳とマルコ・ポーロではもちろん多少の出入はあるが、両方を較べてみると本筋においては一致している。一つの話の異本だといってよい。

マルコ・ポーロが「薬」といっているものを劉郁は「酒」といっている。もちろん暗殺《アッサシン》の語源になったハシーシュのことである。わたくし自身も試みにイランの辺地でハシーシュを混じたタバコを水煙管で吸ってみたことがある。不快なものだった。デュマの『モンテ・クリスト伯』のなかのハシーシュを使う一齣は、この山の長老の話にヒントを得たものである。

*

ニザリ派暗殺団の猛威はひとり西アジアに限られたものではなく、十字軍もこの奇怪な教団のために散々に苦しめられた。イスマイリの兇刃に斃れた十字軍の首領のうちには、トリポリ伯コンラード、アンティオキア侯レイモンドなどの有名な人たちがまじっている。こうしてイスマイリ暗殺団の恐怖は、さまざまな説話と結びつけられてヨーロッパに伝わっていた。従ってマルコ・ポーロやオドリコのような中世の東方旅行家たちが、すでに故国でこの奇怪な話を聞き知っていたことは、充分考えられるところである。

イスマイリ派は異端とみなされ、ひどい迫害を受けたので、険阻な山地に本拠を築いて団結の強固な組織をつくり上げ、他派や異教徒と戦った。かれらは通常の戦いによらず、主として暗殺者を放ったり、あるいは諸国の政情を隠密に探るスパイ行為によって情報を獲得して、政治的に利用するという手段を採ったのである。

スパイといえば、モンゴル人も決してイスマイリ教団に劣らなかった。モンゴル兵の向うところ敵なしといった強大な武力による征服だけを見て、なにかモンゴル人の大征服はその軍事力だけによるもののように考えるのは正しくない。モンゴルの成功は決して兵力だけに頼ったものではなく、巧みな政治的手段によったところが多い。兵力にせよ政治的手段にせよ、成功の鍵は一に敵に関する正確な情報の蒐集にかかっている。モンゴルの西アジア政策はチンギス・ハーンの遠征からフラグ・ハーンの征服にいたるまでおよそ半世紀にわたって続けられたものだが、モンゴル人の西アジア経略の過程で最もおもしろく、ある意味でロマンティックなのはニザリ・イスマイリとの戦いであった。この戦いは武力の争いでもあったが、他面においては虚々実々な隠微な情報戦、政略の争いでもあった。

このようにチンギス・ハーンの中央アジア遠征以来、モンゴルはイスマイリを、イスマイリはモンゴルをかなりよく知っていた。双方とも相手の手ごわさがわかっていたので、敵意を抱きながら表面は使者の往復が行なわれた。モンゴル人としては分裂しているペルシアの占領は困難だとは考えず、またバグダードのカリフ朝の無力さも知悉していた。ただ西アジアの占領と支配の癌はイスマイリであった。イスマイリの暗殺者も恐るべきであるし、またかれらの本拠である険峻な山中の城塞の攻略は、野戦に得意なモンゴル兵の苦手とするところであった。他方、イスマイリ側としては圧倒的なモンゴル兵と正面切って戦うことができないことはわかりきったことであった。

ペルシアの史料によるとイスマイリが始めてモンゴルに接触したのは、チンギス・ハーンが西域遠征に出かける途中、トルキスタンに滞在中にイスマイリの首領ジェラル・アッディン（ホラズム帝国の君主ジェラル・アッディンとは別人）が使者を送った時となっている。そうするとこれは一二一九年ごろのことである。この事実は『元朝秘史』や『元史』にはでてこない。東方の史料では一二二二年にチンギス・ハーンは子のトゥルイに木剌夷《ムラーヒダ》を攻めさせたことになっている。『元史』によればモンゴルの第二代皇帝オゴタイ・ハーンの時、一二二九年に木羅夷《ムラーヒダ》の国主が来朝したと記されている。とにかく一二二二年ごろから十三世紀の半ば過ぎまでは、モンゴルとイスマイリの正面衝突は起こらなかったらしい。モンゴル軍がイスマイリを本格的に攻撃した最初の戦いは、マング・ハーンの時代になってからのことで、一二五二年に乞都不花《キドブハ》がマング・ハーンの命を奉じて木来《ムラーヒダ》の吉児都怯《ギルドクー》寨を攻めた時に始まる。キドブハはこの山寨の攻略に失敗したが、この戦いをきっかけとして西アジアの相容を一変せしめ、ペルシア文化の伝統を一挙にたち切ったといわれる、フラグ・ハーンの西征が開始されるのである。

8

モンゴル将軍キドブハ

ニザリ国家が神秘的イマームをその頂点に戴く絶対神権制度であり、その一切の政策は権力に指向されていたわけであるから、その運命にとって決定的重要性をもつのは最高指導者の能力であったことは自明の理である。この事実はイマーム出現以前のハサン・イ・サバー以下三代の時代であろうと、イマーム時代であろうと変りはない。

イマーム・ムハマッド三世はホラズム帝国との接触、衝突の時代にはまだ幼少で、正面に立つことはなかった。ホラズムがモンゴルに滅ぼされ、一二二五年にチンギスが東帰してから、その孫のフラグ・ハーンの下にモンゴル軍が再来するまで約三十年のあいだに、ムハマッドは名実ともにニザリ国家の専制君主になっていた。

ニザリとモンゴルの接触はかなり早くからあった。チンギス・ハーンのホラズム帝国征伐の初期、モンゴル軍が中央アジアに入るとほとんど同時に、アラムートの使者は早くもチンギスの軍営を訪れ、ハサン三世の親書を呈して、服属を誓った。アム（オクサス）河以西の支配者で最初にモンゴルと交渉のあったのがニザリ国であったことは疑いない。こういうことでもニザリの情報網が、西は地中海沿岸、東はモンゴリアにまで張りめぐらされていたことが知られる。

チンギス・ハーンは一応ニザリの使者は受けたものの、西征軍の一方の大将であった第四子のトゥルイはイランに侵入してニザリの城寨のいくつかを攻撃、破壊した。その後、チンギスは一隊を派してさらに西方に進出させたが、特にイラン高原を縦断して遠く南ロシアまで威力偵察を行なったモンゴルの猛将ジェベ、スブタイ両将の軍は、ニザリの勢力圏を通過しており、ニザリと接触したことも疑いない。ただニザリは敵が強力な場合には、その難攻不落の城塞に閉じこもり、大風一過を待つのがその常套戦術であったから、ジェベ、スブタイの疾風のような偵察行動に正面切って抵抗するはずはない。その上、モンゴルの目的は明らかにホラズム帝国の討伐にあったので、ニザリとしてはこれはいわゆる毒を以て毒を制することであった。むしろニザリとしては逃亡したホラズム帝を追跡するモンゴルに情報を提供するぐらいのことはしたであろう。

当時、ニザリとモンゴルの関係は相互に疑惑を抱き、用心をしながら、表面は一応ある程度の交渉を保つという状態であった。ニザリはモンゴルの本拠カラコルムやその占領地帯に密偵を潜入させたが、同時にオゴタイ・ハーンやマング・ハーンの宮廷に対してそ知らぬ顔で使節を遣わしたりしていた。他方、モンゴル側も中央アジアやイランへ派遣した偵察隊とか、西アジアからくる使者などから、ニザリの悪業の数々について報告を受けていた。

第四代のモンゴル皇帝マング・ハーンが西アジア征服を計画したのは、チンギスの世界征服の遺業を完成するためであったことは事実である。しかし他方では中国の完全征服を目指して全力を挙げている最中に、なにゆえ突如としてイラン征伐の軍を起こしたのであろうか。

スブタイ、ジェベの西アジア侵入後も、旧ホラズム帝国に駐屯するモンゴルの諸将はしばしば西アジアに遠征軍を送り、部分的には占領、駐屯さえもしている。このころ西アジア方面は、チョルマグン、ついでバイジュというような有力な将軍が担当した。しかしモンゴルが完全に制圧していたのは旧ホラサン領に限られ、それより西の地方では単に点と線を維持しているにすぎなく、それもしばしば土着王侯に脅かされるというありさまであった。そうしてこういうゲリラ戦や小戦闘で大きな役割を勤めたのがニザリであった。モンゴルの部将などでニザリ暗殺者の犠牲になった者もあったろうことは充分想像できる。

*

さてムハマッド三世は一二二一年、九歳でイマームの位に即いた。少年のころ、神経質で憂鬱症の傾向があった。青年時代になるとさらに昂じて精神病的になったが、同時にそのころには名実ともにニザリ国家の全権を掌り、絶対専制君主として危険な狂信者ニザリの全信徒に君臨することになった。

かれには想像と現実を区別する力が欠けていたが、側近者たちは恐れて敢えて直言する者はなかった。ただムハマッドにはマザンデラン出身のハサンという寵臣があり、これがムハマッドと家臣の間にあって一切の政務を取り扱い、そのために巨富を致したという。

ハサン以外にトルコ人やインド人などの外国人で側近の寵臣になった者もすくなくなかった。この暗殺者の国の王がもっとも好んだ遊びはヤギの牧養だったといわれる。ムハマッドの常軌を逸した行動は、生来の異常性格に基づくともいわれるが、同時にこの絶対専制君主に対する側近者の阿諛、家臣や信徒の無条件的服従が慣習になっていたことによるものでもあった。

ムハマッド三世が最も信頼した寵臣ハサンは少年のころモンゴルの占領地帯から逃れて、アラムート城にきた者であった。かれとその君主の間には不倫の関係があったとも伝えられるが、後にはムハマッド三世の側室の美女の一人を娶った。一説によれば、ハサンは熱心な正統的イスラム教徒で、この気狂いじみたニザリのイマームを排除する目的で近づいたともいわれる。

変質者ムハマッド三世の治世には、この独裁者の性格によってニザリ国内にいくつもの問題や大小の事件が発生したが、何といってもニザリ国の最大の難関はどうしてモンゴルの侵寇を防ぎとめるかということであった。マング・ハーンが全モンゴル人の皇帝に推戴されると、アラムート城からはすぐさま使者がモンゴル人の首都カラコルムに派遣されたが、マングはこれを受けつけなかった。マングは即位前に西方の総指揮官チョルマグン、バイジュからの報告を知っており、カズヴィンのイスラム大法官シャムス・アッディンその他からもニザリの数々の悪業について聞かされていた。マングはおそらく早くから西アジア征服の最大の目的は、バグダードのカリフ朝の征服とアラムートのニザリ本拠の覆滅にあることを、心に決していたにちがいない。

マング・ハーンは宋征討の総帥フビライ（元朝の世祖）の弟フラグを西方征伐の総大将に任じた。そしてフラグの本隊出発に先立って、ナイマン族出身の青年貴族キドブハに一軍を率いさせて先鋒軍として出動させることにした。

キドブハは『元史』では乞都不花となっている。モンゴル語で「去勢した牡牛」という意味である。これは強者の美称である。かれが生まれたのは、おそらく甘粛、六盤山におけるチンギス・ハーンの死のころ、すなわち一二二七年前後と思われるが、正確な年はわからない。しかしキドブハの死んだ年はペルシアの史家ラシード・アッディンその他によって正確に伝えられている。一二六〇年である。かれがエジプトを支配していたマムルーク・トルコ人との戦いで戦死したのは、おそらく壮年に達したばかりのことであったろうと思われる。

＊

キドブハの出たナイマン族はアルタイ山脈付近に住み、トルキスタンに近いので、早くからオアシス文明に接触した結果、かなり開明した部族であった。モンゴル人のうちでは、東方で中国に近く住んでいたタタル族も比較的に開化した部族ではあったが、この二つの部族はその開化の方向がちがっていた。

ナイマンはモンゴルにはちがいなかったが、中央アジアのトルコ系ウイグル人やペルシア系民族とも混血してかなり中央アジア化していたものと思われる。それだけではなくかれらの間には中世キリスト教の一派であるネストル教（中国の景教）もかなり入りこんでいた。この点ではカラ・キタイ（中国でいう西遼）と同様であった。

チンギス・ハーンはまず東方のタタル族を討ち、南方のケレイト族を服し、ついで西方のナイマン族を平らげ、ここに全モンゴル人を統一したのである。そのころのナイマンの王はダヤン（太陽）・ハーンといい、早くから西域の文化に接し、ウイグル人の文字を採用したりしてはいたが、それでもなお遊牧生活は続けていた。ナイマンは東北に住むモンゴルなぞは未開野蛮な部族にすぎないとして、つねに軽蔑していた。モンゴルとナイマンは同じ民族に属し、同じ言語ではあるが異なった方言を話していた。この二つの部族の間には同類意識よりは、むしろ対立意識のほうが強かった。ナイマンのダヤン・ハーン、その母のグルベスという気の強い女、子のクチュルクなど、すべてのモンゴルとその新しい首領のチンギスを大したものとは考えていなかった。

しかしまもなくナイマンの東にいて勢力のあったケレイト族のワン（王）・ハーンの兵がチンギスのために遺滅され、ワン・ハーンは西方へ逃亡の途中で殺されたと聞いたので、ダヤン・ハーンはおそれたが、母のグルベスはそんなことは気にもしなかった。かの女は、「ワン・ハーンは年老いた、大いなる君であった。野に棄てられたかれの首を切ってもってこさせて、祭りだけはしてやろう」といって、ワン・ハーンの首を取り寄せて、天幕のなかに安置し、盃に酒をみたして、女どもに礼を行なわせた。

ダヤン・ハーンは世襲の君主や貴族や金持ちにありがちな、無能のくせにもったいぶった男であった。しかしその子のクチュルクは家柄に誇りをもつ勇敢な、しかし向こう見ずな青年であった。これも名家にありがちなことであるが。チンギスに敗れた後、かれは少数の家臣を伴ってトルキスタンに逃げこみ、カラ・キタイの庇護を受けた。チンギスが東に引き揚げた後、かれはカラ・キタイの王位を簒奪して、みずから王となり、チンギスに撃破されたナイマン族やケレイト族の残党を糾合して、一応はトルキスタンに覇を唱えることになった。

ダヤン・ハーンの母のグルベスは遁走中にモンゴル軍に捕われた。グルベスはまえにチンギスの噂を聞いた時、はきすてるように、

「かれらモンゴルという奴ばらをどうしてやろうか。モンゴルという民は臭いうえに、着ているものもむさくるしい。遠ざけておくがよい。かれらに処女や若い女があったら、奪ってきて手足をよく洗わせ、ウシやヒツジの世話をさせてやろう」

といい、この話はチンギスの耳にもはいっていた。そこでグルベスを捕虜にすると、チンギスは早速にかの女を後宮に入れて、妻の一人とした。

これは『元朝秘史』の伝えるところである。『秘史』を読むとグルベスはいかにも意地わるの魔女のような老女と感じるが、実際はそうではなく、気位の高い女盛りの人であったようにも思われる。クチュルクの栄華も、つまりは一朝の夢にすぎなかった。モンゴル軍の一撃によってたちまち潰滅し、クチュルクは北方に逃亡中殺されてしまった。こうしてナイマン族は早くからチンギスの麾下に編入され、一時トルキスタンのカラ・キタイを奪ったクチュルクの残党もチンギスの西征で討伐されてしまった。

＊

ナイマン族は一時はモンゴルに敵対はしたものの、タタル族やメルキット族と同じくモンゴル人の一部族であったので、ダヤン・ハーンやクチュルクが滅亡すると対立関係は解消され、大モンゴルの一員として帝国の中核を構成するようになった。その上、ナイマンはモンゴル諸族のうちでは最も開化した部族としてモンゴル文化にすくなからぬ貢献をした。モンゴルはチンギス・ハーンの時代までは文字をもたなかった。チンギスがナイマンを征伐した時に、ダヤン・ハーンの近臣としてハーンの印章を掌り、かつナイマン国の財政の衝に当っていたタタトンガという者が捕虜になった。チンギスはこのタタトンガが西域の文物、制度に詳しいので、これを重用し、ウイグル文字を多少修正してモンゴル語を書き表わすように命じた。これがモンゴル文字のはじめで、今日まで伝わっている。タタトンガ自身はトルコ系ウイグル人であったが、ナイマンに仕えていた人である。ナイマンがモンゴル文化において重要な役割を果たしたもう一つはキリスト教の導入である。

キリスト教はすでに八世紀にカスピ海の東南地方に伝播し、突厥可汗《トッケツハガーン》でこれに帰依した者もある。その余波は唐代中国にも及び、景教として知られていた。中国においては唐末の乱でキリスト教は姿を没してしまった。中央アジアでは活潑ではなかったが、モンゴル時代までなお命脈を保っていた。キリスト教がはっきりモンゴル人の間に姿を見せるのは、十一世紀のはじめに、ケレイト族がキリスト教に改宗した時からである。ケレイトとナイマンは隣り同士の部族であり、ともにモンゴル系遊牧民であったから、ケレイトに伝わったキリスト教はナイマンの間にも改宗者を見出したことは当然である。ナイマンはケレイトよりももっと西方に住み、より開化した部族であったから、キリスト教に接したのもケレイトよりも先きだったかも知れない。ともかくもキリスト教とそれに随伴する西方文化をモンゴルの間に弘めた点でナイマンの役割は決して小さいものではなかった。

キドブハはこういうナイマンの一人であり、ペルシア史家の伝えるところによれば、かれ自身キリスト教徒であった。ペルシアの史書にはこのナイマンの勇将の名前はキドブハ・ノヤンとなっている。まえにいったようにキドブハは「去勢した牡牛」で、ノヤンは貴族といったような称号である。バウルジはモンゴル語バウルチの訛で、ペルシア史家はキドブハはバウルジであったと書いている。バウルジはモンゴル語バウルチの訛で、『元朝秘史』では保兀児赤と写され、厨子と訳されている。料理番のことである。英語のスチュワードということばがもとは家の番人の意味だったのが、のちには領主の家令に格あげされたのと同じことである。とにかくモンゴル帝国時代にはバウルチはハーンの側近に仕える高い地位を示すものになっていた。

キドブハの父はおそらく早くからチンギス・ハーンに服属したナイマンの名家だったにちがいない。キリスト教徒であり、バウルチであった父の後を継いで、キドブハ・ノヤンはマング・ハーンに仕えていたものであろう。キドブハという名前が幼時からのものであったか、かれが去勢ウシの如く勇猛なので、そう称されたのかはわからない。

マング・ハーンはこの西域に詳しい猛将キドブハをまず第一にムラーヒダ征伐に差し向けた。当時、東方ではニザリはムラーヒダと呼ばれていた。これはアラブ語から出たことばで邪教徒という意味である。このことばは元代の中国語では本剌夷、木乃奚なぞと写されている。当時、モンゴル軍の西方総指揮官はバイジュであったが、キドブハはこれとは別にムラーヒダ討伐の特命を受けたのである。キドブハ・ノヤンは二万騎を率いてイラン高原を西へ、ニザリの本拠に向ってただちに進発した。

9 ニザリ教国の滅亡

キドブハの軍が近づいてきたころ、ニザリ国ではムハマッド三世の狂乱はつのる一方であった。これに比例してその長子フールシャーとの間の不和も深刻になっていった。ムハマッドはことごとにフールシャーを虐待した。フールシャーはその妻たちとともにムハマッドの寝室の隣りの部屋で起臥するように命ぜられており、父親の看視が厳しいので、ムハマッドが好きなヤギの放牧にでかけるか、またはブドウ酒で泥酔している時以外は外出もできなかった。そういう時だけ、フールシャーはひそかに居室を抜け出して、かれ自身もまた酒に酔うのであった。

フールシャーはついに自分の生命の危険をさえ感じるようになり、父親の手から逃げ出すために、シリアのあるニザリ城寨に行くか、あるいはエルブルズ山脈中のどこかの城を奪って自立しようとさえ考えるようになった。ムハマッドの側近や重臣たちもまた狂乱した君主に身の危険を感じた。

そこでムハマッドの家臣たちは、モンゴル勢の来襲はムハマッドの非行、乱行の故であるから、モンゴルに使者を送って服従を誓うことを考え、ムハマッドの退位とフールシャーの即位を望むようになった。かれらはムハマッドの退位は欲したが、しかしイマームに対する絶対的服従というニザリの教条に違反することはできないので、ただ後継者フールシャーの安全を守るために、ムハマッドから離反するという口実の下で、実際はフールシャーに簒奪を使嗾した。ところが突然フールシャーが病み、この計画は一時、中止せざるをえなくなった。

しばらくした後、ある日、ムハマッドは山中にヤギとヒツジをつれて放牧に出かけ、夕方から牧地の小屋でブドウ酒を飲みはじめ、爛酔して寝こんでしまった。小屋の周囲には多くの侍臣、牧人、ラクダ飼いなども寝ていたが、真夜中になってムハマッドが死んでいることが発見された。かれの死体には斧で一撃された、なまなましい傷が口を開けていた。かれの身近くに寝ていたトルコマン人やインド人も傷を受けてうめいていた。

この事件の結果、その夜、ムハマッドの小屋の護衛に当っていた者たちは、死刑に処された。しかし犯人が誰であるかはわからなかった。日がたつにつれて、この殺害はムハマッドの最も信頼する寵臣ハサン・マザンデラーニであるという噂がたちはじめた。ハサンの妻はかつてムハマッドの妾であったが、この二人は事の真相をフールシャーに自ら告白した。おそらくハサンの動機はムハマッドとの不倫な関係とハサンの妻とムハマッドの関係がからみ合ったためであろう。ハサンとその妻、数人の子はすべて死刑になり、その死体は墓に葬られず、焼き払って灰にして撒き散らされた。ハサンの動機は個人的なものであったが、同時にかれがニザリを邪教として憎み、そのイマームを除くことが正統イスラムのためであると考えていたことも事実であろう。

一説には、ムハマッド殺害の主謀者はほかならぬ子のフールシャー自身で、ハサンと共謀して父親を殺したともいわれる。ムハマッドの死後、フールシャーはハサンが放牧中のヒッジを調べに山に行った時、腹心の者に命じて後を追わせた。ハサンの油断を見すまして、近づいた刺客は斧で一撃して首を切り落した。

ムハマッド殺害の真相はどうであれ、いまやフールシャーが位につき、各所のニザリ領に対して即位を宣言し、その他の国に対しては今後ムハマッド三世の暴虐な支配と攻撃の政策を捨て、和親政策を採る意を通じた。

＊

またフールシャーは当時イラン西部の都市ハマダーンに駐屯していたモンゴル軍の指揮官ヤサウル・ノヤンに使者を派遣し、モンゴルへの忠誠を誓う旨を伝えた。これに対しヤサウルは総大将フラグ・ハーンが近く到着するから、フールシャーはみずからハーンの軍営に伺候せよと答えた。ヤサウルとフールシャーのあいだに、続いて使者の交換が数回行なわれたが、結局フールシャーは自らは赴かず、弟のシャーンシャーをヤサウルのもとに遣わし、ヤサウルの子のモラガとともにフラグの軍営に赴かせたにすぎなかった。交渉にひまどっているあいだに、ヤサウル・ノヤンの兵はアラムート地方に侵入した

しかしニザリたちはその城寨の防備については安心していた。特にアラムートはじめ主な城の構築は堅固を極めていた。用水溝は岩石の下をくり抜いてつくられ、一枚岩を鑿って

こしらえたいくつものタンクには水が満々と貯蔵されていた。武器と糧食も豊富で、糧食は石窟中に封印貯蔵され、百数十年以前のハサン・イ・サバー時代の食品がそのまま保存されているという始末である。城門へ登る石段は胸をつくほど急である。一九三〇年代に「暗殺者の谷間」を訪ねたイギリスの旅行家フレヤ・ストーク女史は、登山靴をはいていなかったので、ラミアッサール寨の登攀をあきらめなければならなかったという。ニザリ諸城を攻撃するモンゴル兵やタジーク兵は続々と崖をよじ登って城寨の下に到着したが、堅固な城壁と守備兵の頑強な抵抗に会って一応退却せざるをえなかった。退く際に谷間の畑を荒らし、作物を焼き払って去った。

とかくするうちに、フラグ・ハーンの使者がアラムートに到着した。「ムハマッド三世の暴虐な行為はかれの死によって償われたので、フールシャーに罪はない。すみやかに城寨を自分の手で破壊して来降すれば、ニザリ領の荒廃は免れるであろう」と使者は伝えた。フールシャーは使者のことばに従って、一部の城寨は破壊したが、アラムート、ラミアッサール、マイムンディース等では城門、胸壁、塔をこぼったのみであった。そしてフラグに対しては、命令を実行したから、軍営に伺候する時期をしばらく延期してもらいたい、といってやった。

フールシャーの使者は、いまのテヘランから遠からぬライでフラグの陣営に至った。このころ、夏が近づいてきたので、フラグはエルブルズ山脈の最高峰ダマヴェンド山麓に暑を避けるところであった。フラグは使者に、フールシャーはただちにダマヴェンドに向って出発するよう伝えよと命じた。引き延ばし作戦を意図していたフールシャーは、そこで計略をめぐらし、使者には王子を即刻、代理として派遣するといい、他人の子を選んで王子に扮装させて送り出した。

ダマヴェンドに盛夏を過したフラグ・ハーンはアラムート地方に向ったが、その途中においても、フラグとフールシャーとの間にはたびたび使者が往復し、交渉はやむことなく続けられたが、なかなか最後的な一致には達しなかった。とかくするうちに、十一月初旬にはフラグ・ハーン直率の軍勢はフールシャーが立てこもっていたマイムンディース城の麓に到着して軍営を張った。後続部隊も各方面から集合し、城寨は十重二十重に取り囲まれた。さすがに堅固な城も雲霞のような軍勢の繰り返し、繰り返しての攻撃に支えることができないと知って、フラグの降伏勧告に応じ、フールシャーは家臣、兵士を率いて降伏を申し入れ、フラグ・ハーンの軍門に降った。城に貯えられていた一切の財物、宝物は没収され、フールシャーは捕われの身となった。こうしてフールシャーの即位後、僅々一年にしてニザリのイマームは異教徒モンゴルの手に落ちたのである。

＊

フールシャーはフラグの命によって、アラムートとラミアッサールを除き、各地のニザリ城寨の領主に使者を送り、降伏を命令した。

モンゴルたちは九日の間、マイムンディースの城で宴会を催した後、フールシャーを伴ってアラムート城の下に行き、降伏を勧告した後、将軍バラガイを包囲軍の指揮官として留め、フラグは自らラミアッサールに向った。フラグはラミアッサールに対してもフールシャーを通じて降伏勧告を行なった。勧告が拒否されると大挙して攻撃を加えたが、急に陥落せしめることは不可能と知って、少数の包囲隊を残してアラムート攻略に転じた。アラムートの守将はまもなく降伏した。しかし堅城ラミアッサール、ギルドクーの二寨はなかなか降らず、エルブルズ山中のニザリの完全平定にはなお一カ年を費さざるをえなかった。ニザリ平定後、フラグは占領した全城寨の破壊を命じ、作業の進行中かれはラミアッサール地方に滞在したが、ラミアッサール城寨はなかなか陥落しないので、部将タイル・ブハを留めて、一二五七年の初め本隊を率いエルブルズ山脈地方を去った。かれのつぎの使命はバグダードのカリフ朝の覆滅であった。

フラグ・ハーンは去るに臨んでフールシャーの身柄を東方に送った。フールシャーは中央アジアを経てモンゴリアに向ったが、モンゴルの首都カラコルム近郊に至った時、マング・ハーンは使者を派して、つぎのように伝えさせた。

「フールシャーがわがもとにくる必要はない。チンギス・ハーンのヤサ（法）で処置はきまっている。降伏を求めるなら、なにゆえギルドクー、ラミアッサールを自らこぼたなかったのか。すぐ還ってそうせよ。その上で降参してまいれ」

フールシャーは悄然として帰途についたが、一行が寧夏のハンガイ山脈中を進んでいる時、使者が追いついてきて宴を開きたいと称し、路のかたわらに招き寄せ、従者もろとも殴り殺した上で死体を切り刻み、肉片にして撒きちらしてしまった。

10

天文学者と歴史家の邂逅

マイムンディースが開城し、フールシャーをはじめ城内の者はすべて捕えられたが、そのうちの一人に大学者がいた。ナシール・アッディン・トゥシがそれである。トゥシはホラサンの一地方トゥスの人である。当時のいわば百科事典学者《アンシクロペディスト》で、一人で数学者、天文学者、哲学者、思想家、神学者、医者、そして詩人を兼ねていた。西洋ではナシール・アッディン・トゥシは天文学者として有名であるが、ペルシアではかれは第一級の詩人として知られている。かれの生まれた国では天文学者としては、あまり知られていないらしい。

フラグ・ハーンはトゥシを喜んで迎えた。詩人として自分の功業を讃えさせるためよりは、むしろ天文学者としてであったらしい。トゥシはニザリではなかったが、天文学者としてイスマイリ派のある領主に仕えていた。まもなくかれは当時の学芸の中心地であったバグダードに移り、カリフ朝に仕官したいと考えるようになったが、そのことが知れるとかれは捕えられてアラムート城に幽閉されてしまった。そこをモンゴルによって解放されたので、そのままフラグ・ハーンに仕えることになった。

後のことではあるが、トゥシはフラグに扈従してバグダードの攻略に参加したが、バグダード占領後かれはカリフ・ムスタッシムの処刑をフラグに奨めたといわれる。フラグがイル・ハーン王朝を建てると、かれは偉大な征服者は破壊のみを事とすべきではないと進言して、首都タブリズの付近マラガに自分のために大天文台を建設させ観測を行なった。この天文台の遺蹟はいまも残っている。この天文台の建設には前後十二年を要し、観測の結果を纏め上げることができたのはフラグの死後、アバカ・ハーンの時代のことであった。かれの著書は西洋の天文学発達に大きな刺戟を与えたといわれる。その著の序文においてトゥシは「在来の天文表の計算では、年のはじめにおける太陽の位置を四〇分だけ誤っているので、それを示すことにした」と書いている。

トゥシはまた「事件は、その生起があらかじめ知られている場合には、恐怖や恐慌は起こらない」というかれの命題を実験するために、フラグ・ハーンの許しを得て、大音響を立てる金属製の円筒をつくり、兵士を集めておいてそれを鳴らしたが、あらかじめ知らされていた者は平気であり、知らなかった兵士たちの間では大恐慌が起こった。バグダード占領に当って、トゥシは厖大な写本を集め、ギリシア人、ローマ人の著書、特にプラトン、アリストテレース、ユークリッド等を研究し、多くの著書をあらわした。またかれの外科医としての手腕を語る話としてつぎのようなことが伝えられている。アバカ・ハーンはある時、狩猟に出て野生のウシに角で突かれ、その傷が化膿して大きな腫物ができ、重症におちいったが、宮廷医のうちでは誰一人敢えて困難な手術をやる者はなかった。そこでトゥシが呼び出されたが、かれは易々として切開をやってのけ、アバカはまもなく回復した。

ナシール・アッディン・トゥシはアラムートにいたのであるが、逆にアラムートを攻めたフラグ・ハーンの側にも一世の大学者が従軍していた。それは有名なモンゴル史『世界征服者の歴史』を書いたアラ・アッディン・アタ・マリック・ジュワイニであった。

ジュワイニを学者といってよいか、政治家といってよいかわからない。またどちらとしての方が、より偉かったかも判断できない。なぜなら政治家と学者の仕事は全く性質がちがうので、比較のしようがないからである。だがいずれにせよ、ジュワイニは政治家としても第一流であったし、歴史家としてもペルシアの生んだ大歴史家の一人であることは疑いない。

＊

ジュワイニは一二二六年、ホラサンのジュワイン地方で生まれた。かれの家はペルシアでも著名な家柄であり、父祖はセルジューク朝、ホラズム帝国において歴代高官に昇っている。これはのちのことであるが、かれの兄シャムス・アッディンはフラグ・ハーンの宰相となり、かれ自身もバグダードの総督になった。

チンギス・ハーンの西征時代にはジュワイニはまだ子供であったが、かれの父バハー・アッディンはホラズム帝に仕えていた。チンギスがホラズム帝国を滅ぼした後も、ホラズム帝ムハマッドの子のジェラル・アッディンは、なおも最後までモンゴルに反抗して、これを苦しめた。しかしまもなくジュラル・アッディンは死んだが、モンゴルの一部隊はホラサン、マザンデラン地方に駐在しホラズムの残党や反抗的な領主の鎮圧に当った。チンギスが死し、オゴタイ・ハーンの時代になると、ホラサンに駐在していたチン・ティムールというモンゴル将軍は、バハー・アッディンを重用し、ある時使者として首都カラコルムのオゴタイのもとに派遣した。それ以後、バハー・アッディンはオゴタイの信任を受け、つぎのグユク・ハーンにも厚遇され、モンゴル占領下のホラサンの政治、特に財政上で重要な役割を果たした。マング・ハーンが即位すると、バハー・アッディンはまたカラコルムに赴いたが、その時ジュワイニも同行してマングに謁した。

ペルシア遠征がはじまり、フラグは占領地帯の行政、財政をケレイ・マリック、アミール・マリック、そしてジュワイニの三人に委任することになった。モンゴルのアラムート攻略が開始されると、ジュワイニはフラグの軍営に扈従して包囲戦に参加した。

これより先、マング・ハーンはニザリ討伐に関して総指揮官フラグをはじめ各級指揮官に対し、ニザリ一党の者は幼児にいたるまでことごとく屠り尽くすようにとの命令を与えた。この命令は厳格に実行され、たまたまニザリ城塞やその付近にいたニザリでない者もしばしば遭難の憂き目をみることがあった。たとえばクーイスタンのモンゴル指揮官オタクジナの如きは、忠実にこの命令を遵守し、一カ所で八万人を一挙に殺戮したことがある。この命令が厳格に守られなかったところでも、殺されなかった者はすくなくとも奴隷にされ、あるいは奴隷市場に売られた。

もしジュワイニが包囲軍のうちにいなかったら、ナシール・アッディン・トゥシも殺されていたかも知れない。アラムートにおけるジュワイニとトゥシの邂逅はペルシアの文化史にとって大きな寄与をしたということになる。

ジュワイニは一二五二―五三年ごろカラコルムに滞在中、二十七歳にしてその『世界征服者の歴史』にとりかかり、ニザリ征伐の従軍中にも筆を絶たなかった。アラムートはニザリの本拠としてその書庫にはおびただしい数の写本が蔵されていた。ジュワイニはフラグ・ハーンにこれらの書物の重要さを説き、ニザリ派の邪教的教説を説いている神学的著書を除き、他の書はこれを文明の進歩のため保存すべきことを請うて許しを得た。そこでかれは、おそらくトゥシの協力を得て、厖大な書物を整理したが、そのうちにはニザリ派の開祖ハサン・イ・サバーの伝記もあった。そしてかれはこれらの資料によって『世界征服者の歴史』の最後の巻、イスマイリ派の歴史を書き上げることができた。これが第三巻で、第一巻はチンギス・ハーンからチャガタイ・ハーンまでの歴史、第二巻はホラズム帝国史であった。こういうようにジュワイニの歴史は、根本史料にもとづいた、いまでいえば現代史で、十三世紀の中央アジア史、西アジア史の最も重要な史料であるといえる。モンゴル支配下のペルシアは歴代中、最も史学の隆盛な時代だったといわれる。この時代のペルシア史学を代表する人として、ジュワイニとともにラシード・アッディンとワッサフがいるが、客観的、実証的な史家としてはジュワイニを第一に推すべきであろう。しかしモンゴル政権の高官として多忙を極めたかれは、歴史家としては一二六〇年ごろに筆を断ってしまった。そしてつぎのように記している。

「生涯を調査と研究に捧げ、事実の記述にその全力を尽くすことができ、いかなる偏見からも解放された人があるとしても、ながい期間にわたりただ一個の地方の記述に専念することは不可能であろう。このようなことは、わたくしの力の及ばないところである。そういう意思はもってはいるが、わたくしには時間がない。ただ長途の旅行の間に、カラヴァンの行進が止まるわずかの時間を割いて、この歴史を書く時があるばかりなのだ」

11

キドブハの死

フラグ・ハーンの率いるペルシア征討軍の先鋒二万騎の将としてのキドブハは、本隊の進撃を掩護する任務を負わされていた。いよいよニザリの勢力圏に入ると、二万騎とはいえそのうち大部分は、戦士としてはあまり適格ではないタジーク族であり、一部はカスピ海北東の荒寥たる砂漠に出没して隊商を襲うのを本業としている叛服常なきトルコマン人であった。隊の中核たるモンゴルはきわめてわずかにすぎない。モンゴルの全盛時代に貴族として育ってきたキドブハ・ノヤンにとって戦闘は苦痛ではなかった。強健な青年将軍として矢石の巷に身を投じるのは、むしろ若い血を湧きたたせるばかりであり、優美なフエルガーナ馬に鞭うって戦場を縦横に馳駆することは、ことにかれにとっては、この上ない快感であった。

ことにキリスト教徒として邪教イスラム、そのうちでも最も憎むべきニザリ・イスマイリを討伐する戦いであってみれば、キドブハにとってこれほど快心なことはない。草原の貴族として自由奔放に生き、闊達で表裏なく、モンゴル人としての名誉と光栄の保持を信念としていたキドブハにとっては、臆病でありながら計略に巧みなタジーク人や、勇敢ではあるが些少の利得のためには一朝にして長年仕えた主君に叛くことを意ともしないトルコマン人の統御こそ最大の苦痛であった。直情径行のキドブハは軍律を乱す者を容赦しなかった。と同時にキリスト教に帰依しているかれは、不逞の部下を処分するたびになにか心の底に痛みを感じるのである。

キドブハは全盛期のモンゴル人を象徴する一人であったといってよい。草創期の人物は粗野ではあるが、疑問を持たない。懐疑者ではない。子供の時からしばしば母や古老から聞かされた、神の如く偉大なチンギス・ハーン、その手足となってモンゴル大帝国の建設に生涯を捨てて顧みなかったチンギス・ハーンの忠実な四匹のイヌ——ジェベ、フビライ、ジェルメ、スブタイ——などの話は、キドブハに深い感銘を与えたが、しかしそれはなにか遠い昔の物語としか思われなかった。

若いキドブハが諸将のうちから選ばれて、西域遠征の先遣部隊の指揮を命ぜられたのは、マング・ハーン、フラグ・ハーンのキドブハ・ノヤンに対する信頼の現われであった。かれはこの信頼を重荷と感じはじめていた。

キドブハはモンゴリア西部のかれの牧地を出発するに当って、一族がはなむけに歌ってくれた素朴な歌、

おまえの指図で兵士たちは、
夜に日をついで進む。
シナから西の海まで、
西の海から東のシナまで。

を軍営の夜に思い浮かべるのであった。かれは名誉あるモンゴル戦士として、良心あるキリスト教徒として、誠実に任務を尽くそうと努めた。そして歴戦の将軍であるブハ・ティムール、ココ・イルゲ、テグデル・オグールなどの指導と助言によってしだいに野戦に、攻城に練磨を積んでいった。

＊

かれが最も悪戦苦闘したのはギルドクー城塞の攻撃であった。ギルドクーは後年その古戦場を弔った中国人常徳がいっているように、

「峻絶にして矢石する能わず。丙辰の年、王師城下に至るに、城は高険を絶し、これを仰視するに、帽ために墜つ」

という難攻不落の金城湯池である。

ギルドクーは中央アジアからペルシア西部への主要交通路を扼す天険である。ここは古くから砦として使用されていたが、それが修築されて永久的城塞になったのは、セルジュ一ク時代のことであった。イスファハーンの領主だったダード・ハバシーはこの天険を利用して、堅固な胸壁、塔、兵舎などをつくった。特に包囲された場合の用水には注意を払い、非常に深い井戸を掘り、また兵器、食糧は数年分にそなえて備蓄した。このセルジュ

ーク領主はニザリではなかったが、その同調者であった。かれがギルドクーを修築したのは、ニザリであるイスファハーンのレイス(官房長)、ムザッファールの進言によるものであった。こうしてギルドクーは交通の要衝を抑えるとともに、非常時の避難地として建設され、イスファハーンの領主はつねにこの城に財宝を収蔵していた。

先遣部隊の使命は本隊の進撃に道を開くことである。先遣隊指揮官としてのキドブハは当然この難攻不落の堅城を第一目標とした。モンゴル兵は騎馬兵で、草原、平地における機動兵力として無比の精兵であったが、攻城戦は不得意であった。チンギス・ハーンの西征においても、サマルカンド、ボハラ、ヘラートその他の防備堅固なオアシス都市の攻撃前線には必ずその地方で徴集した兵士や投降者を使用し、モンゴル兵は専ら督戦隊として後方に控えていた。フラグの遠征時代には、すでにオアシス都市の攻撃法や、山岳戦の方法などについても充分な準備と研究がなされていた。

キドブハ麾下の二万の兵のうちには中核として少数のモンゴル兵のほかにはトルコマンとタジークの兵が多かった。このうちトルコマンはモンゴルと同様な騎兵であったが、タジーク兵はそうではなかった。タジーク人はペルシア系の民族であるが、早くから東方に移動したものである。中央アジアではトルコ人といえば遊牧民で、これに対する定着民の多くはタジーク人であった。だからタジークは臆病といわれ、戦士ではなく農民や商工民として知られていた。同じ定着民でもタジークには二種類あって、一つは平地タジークといわれ、中央アジアのオアシス住民である。もう一つは山地タジークといわれ、パミール高原を中心に住む高地民である。キドブハに率いられたタジーク兵というのは、ニザリの立てこもる地帯の山岳戦にそなえて、この山地タジークを多く徴集して編成した隊であったろう。

ギルドクーを攻めた時のキドブハの軍は騎兵五千、歩兵五千であった。かれは城下に近づくと、付近の住民を駆り出して高い城壁の周囲に濠を掘らせ、その後方に軍営をおき、城兵が不意に突出してくるのを防ぐ用意をした。こうしてギルドクー攻撃の準備をしつつ、他方部下の将ブリにギルドクー包囲を命じて、キドブハ自身は付近のニザリ寨を攻略し、一隊はルードバール地方にまで進出して荒掠を行なった。ところが、厳重な警戒にもかかわらず、一夜守兵が城から突出して包囲軍の不意を襲い、百人のモンゴル兵を殺して城内に引き揚げた。戦死者のうちには主将ブリもいた。

この報に接したキドブハは直ちにギルドクーに引き返してクーイスタン地方に入り、荒掠してまわった。ところがこのころギルドクーに伝染病が蔓延して、この地方に兵を留めることが危険になったので、やむなくキドブハは北に引き揚げることにした。それにそのころフラグ・ハーンの本隊はようやくアラムートに近づきつつあった。

キドブハはギルドクー攻略を果たさずに本隊に合し、イマーム・ムハマッドの立て籠るマイムンディースを攻めることになったが、この城の防禦もまた堅牢をきわめ、なかなか落城しない。そこで総帥フラグ・ハーンは諸将を集めて軍議を催した。大多数の意見は、冬も近いし、ウマは痩せ、飼料も欠乏してきたから、この際はひとまずアジェルバイジャンかケルマン地方に移動し、明年再び攻めたらよかろう、というのであった。これに対しキドブハは強硬に攻撃の継続を主張した。フラグは総攻撃の前にフールシャーに対して最後通牒を送り、これに応じてついにフールシャーは降伏し、フラグ・ハーンはキドブハをますます信頼するようになった。

＊

ニザリ平定を完了すると、フラグはカズヴィン付近にしばらく滞在して兵を休養した後、ハマダーンを経てバグダードに向った。ハマダーンからバグダードに進出するにはザグロス山脈を越えなければならない。そこには四〇〇〇メートルに近い高山もあり、険峻な峠が横たわっている。この峠に城寨があり、バグダードのカリフ・ムスタッシムの命によってフサーム・アッディン・アカーという将軍が守備をしていたが、フサームはかねてからカリフとはよい間柄ではなかった。フサームはフラグの勧誘に応じて一旦降伏したが、まもなく意を翻してクルド兵、トルコマン兵を集め、モンゴルの進寇に抵抗しようとした。これを知ったフラグはただちにキドブハに命じて三万の兵を率いて進発させた。キドブハはまず使者を派してフサームに陣営にくることを要求した。フサームは自分の計画が洩れたことを知らずにやってくると、たちまち逮捕されてしまった。

難なくザグロスを越えたキドブハは左翼の一軍を指揮し、バグダードを攻めて戦功を樹てた。バグダードが陥落すると、フラグはモンゴルの鋭鋒をこんどはイラク、シリアに向けることにした。キドブハはアレッポの攻撃に参加し、大小無数の戦いにつねに先頭を命ぜられた。十字軍で有名なアレッポの攻撃にキドブハはやはりその一方面を受け持つことになった。この中世の国際都市にはペルシア人、アラブ人、ギリシア人、トルコ人、ユダヤ人等の住居街がおのおの一角を占めていた。キドブハが担当したのは、そのルーム門の攻略であった。五日間にわたる抵抗の後にアレッポの外城は一二六〇年一月二十五日に陥落した。しかしその内城にはユダヤ人および外城から逃げこんだ者五千人が閉じ籠り、なお二カ月にわたって持ちこたえた。キドブハがルーム門の攻略を命ぜられたのは、かれがキリスト教徒であったからであろう。ルームはすなわちローマで、ルーム門は城内のギリシア人が守備していたのである。

アレッポ陥落後、例によって虐殺が行なわれ、生き残った者のうちの多くは奴隷として連れ去られるか、奴隷市場に売られた。フラグはキリスト教徒に対しては比較的寛容であった。早くからモンゴルに帰属していたアルメニア王ハイトンはフラグに厚遇され、バグダードの攻略その他の戦役に参加し、その間に多くのキリスト教徒の生命を救ったといわれている。

アレッポのつぎはダマスクであった。ダマスクはバグダード、アレッポの陥落とその惨状を聞いてただちに降伏を申し出た。ダマスクにも多くのキリスト教徒が住んでいたが、かれらはフラグ・ハーンがキリスト教に好意を寄せ、キドブハ将軍がキリスト教徒であることを知って喜んだ。ダマスクにモンゴル軍が入城すると、城内のキリスト教徒はブドウ酒を飲み、街頭を行くイスラム教徒の頭や衣服に酒を浴びせた。また十字架をかついで聖マリア寺院に詣で、キリスト教の勝利を祝った。

キドブハはダマスクの占領指揮官に任命された。住民のイスラム教徒の代表はこれをイスラム教に対する侮辱だとしてフラグ・ハーンに訴えたが、フラグは、かえってかれらを笞刑に処して追い払った。まもなくキドブハはシリアにおけるモンゴル軍の最高指揮者に任命された。しかしかれはダマスクに常時駐在していたわけではなく、遊牧民の習慣に従って、一族と兵士をつれて夏は高地に、冬は低地にと依然としてテント生活をおくっていた。

そうするうちにフラグに任命されたシリア総督マリク・アシュラーフ・ムサというアラブ人に対してダマスクが反乱を起こした。報告に接したキドブハはただちに軍を催してダマスクに馳せつけた。ダマスクは四十五日にわたってモンゴルに抵抗したが、キドブハは二十個の巨大な攻城機械を使用して、城門を破って入城し、反乱者を捕えた後、ローマ時代の巨大な遺蹟で有名なバールベックの反抗を鎮圧し、レバノン山の美しい高地に兵馬を休めた。

＊

このころエジプトにはアイユーブ朝についでマムルーク族の王朝が興った。マムルークはカフカズ、南ロシア、カスピ海東北方のトルコ系民族で、奴隷となったり、傭兵となっていた者の建てた王朝である。十三世紀の初期から後半にわたって、ユーラシア大陸を東は中国から西はヨーロッパの東辺まで縦横に荒らしまわったモンゴル騎兵の戦術もこのころになると、もう他の遊牧民に熟知されていた。しかし十三世紀の後半になっても、まだモンゴルに正面から対抗できる国がなかったのは、定着民の国家ではモンゴル騎兵に拮抗しうるような有力な騎兵隊を組織できないことによっていた。しかしマムルークは別であった。かれらはカスピ海の東北方草原の砂漠のトルコマン、カフカズのシルヤッス、南ロシアのキプチャックなどの出身で、かれら自身モンゴルと同じような遊牧民であり、遊牧民の騎馬戦術を練磨していた。

マムルークはそのころエジプトとシリアを傘下に収めていたので、モンゴルのイラク、シリアにおける活動は必然的にマムルークとの衝突に導かれるべきものであることを知っていた。

フラグ・ハーンはシリアを去る前に、エジプトのスルタン・マリック・モザファル・クゥトスに使者を遣わして降伏を要求した。一説によれば、マムルークに対して降伏勧告を行なったのは、フラグ自身ではなくキドブハだったとも伝えられる。

スルタン・クゥトスはモンゴルの使者が持参した書翰を受け取るとただちに族長会議を召集した。クゥトスは部下のマムルーク将領に対してモンゴルがいかに恐るべき敵であるかということを縷々として説いた。そして降伏か、敵対かのいずれをとるかを訊ねた。ある者は、不信心者、異教徒ではあるが、フラグは恐るべき敵であり、そのように強大な君主に屈伏するのはやむをえないことであり、別に自らの名誉を傷つけることにはなるまい、といった。これに対しクゥトスはバグダードから地中海にいたる一帯の地域はモンゴルのために完全な廃墟となりおわった、もしこの際モンゴルに屈するならば、エジプトも同様の運命に陥るだろう、とるべき手段は三つしかない、降伏か、戦いか、逃亡かである、と答えた。他のアミールはモンゴルは裏切りの常習者であるから、降伏してもどうなるかわからない、とつけ加えた。そこでクゥトスは断を下していった。

「力をあわせて戦うよりしかたがない。勝てばよし。敗れても責められることはない」

この日の夜、クゥトスはキドブハからの四人の使者の首を切って曝した。そして翌日、早朝に兵を集めて打ち立った。同時にかれの部下で降伏を主張した者を切り、その財産を没収して軍費に加えた。

クゥトスの軍勢はマムルーク族のほかにシリア人、アラブ、トルコマン、ホラズム帝国の残党など、合せて十二万と号した。マムルーク軍先鋒の指導者はロクン・アッディン・ビバールズ・ボンドクダリといった。マムルーク軍の近接を知って、ガザに駐屯していたモンゴルの将軍バイダルはただちにキドブハに急使を派し、ビバールズを迎え撃ったが、バールベックに本営を構えていたキドブハからの増援隊が到着するまえに、バイダルはマムルーク軍に破られて潰走してしまった。これを追って先鋒ビバールズは自ら先頭に立って進撃し、先発のモンゴル小部隊と接触しはじめた。

敗走したバイダルはキドブハの本隊に合し、シリア駐屯の全モンゴル部隊に集結を命じ、これを率いてマムルーク軍の迎撃の態勢を整えた。こうして一二六〇年九月三日、両軍の本隊は相対することになった。戦いは早朝に開始された。太鼓の音を合図にモンゴル兵はまず馬上から急霰の如き矢をマムルークの頭上に注いだので、クゥトスの兵は一瞬ひるんで突撃をためらった。この時、主将クゥトスは馬上から自分の冑を地に抛《なげう》ち、まっ先きにモンゴル軍中に突入していき、勇気を鼓舞された部下もこれに続いた。両軍の血戦は真昼まで追いつ追われつ続けられた。クゥトスは一隊に命じて伏勢を置き、本隊を退却させた。勢いに乗じたモンゴルはこれを追ったが、側面から伏兵に衝かれて混乱に陥り敗走した。キドブハはこの戦いで死んだ。

＊

この戦いについて史書の載せるところには相違がある。エジプトやアルメニアの史書によれば、モンゴルの主将キドブハは乱軍のうちに討たれたとしている。ところがイル・ハーン朝の宰相兼史臣ラシード・アッディンは異説を記している。味方に利なきを見て、キドブハは少数の部下を率いて踏み止まり、獅子奮迅の勢いで戦いを続けたが、そのうちに敵兵に完全に包囲されてしまった。マムルークはかれに降伏を勧告したが、肯じないでなお突撃していった。しかしかれの馬が傷つき、落馬したところをマムルークたちがよってたかって捕えた。

クゥトスの面前に引かれ、引き据えられた時、キドブハは血に塗れた顔を挙げていった。

「行ってフラグ・ハーンに申し上げろ、キドブハは決して降参はしなかったと。生命をなくすることはなんでもない。モンゴル人にとって、一隊を失うことなぞはなんでもない。フラグ・ハーンは気にもとめないだろう。兵士に妻があり、厩舎にウマがいる限り若い男、若いウマが生まれてくる。ハーンの下僕であるわれらの死の如きは問題ではない」

キドブハはなお続けた。

「クゥトスよ。おまえのつかのまの勝利をあまり喜ぶな。このキドブハが死ぬのは上天の意志で、おまえのしわざではない。わが死がフラグ・ハーンの耳に達するならば、わが君の憤りはあらしの海の如く渦巻くだろう。アジェルバイジャンからエジプトの入口までの土地は、ことごとくモンゴル騎兵の蹄の下に蹂躙されるだろう。ハーンはこのキドブハの如き戦士三十万を従えている。おれはそのうちのただ一人にすぎないのだ。早く殺せ」

クゥトスは処刑を命じた。血に塗れたキドブハの首は熱砂の上に落ちた。

マムルークは敗残のモンゴル兵を追って進み、キドブハの輜重隊を襲い、キドブハとその麾下のモンゴルの家族を殺し、あるいは捕え、財宝を掠奪した。キドブハの家族もそのうちにあった。クゥトスはさらに進撃の途中、モンゴル兵の強い抵抗に会ったが、勝ちに乗じてこれも撃破することができた。こうしてシリアを回復したマムルーク族は、ダマスクを除く他の都市ではモンゴルに従った者の大規模な殺戮を行なった。そしてエルサレム、アレッポ、ダマスクをモンゴル人の手から奪い返した。キドブハの首は勝利のトロフィーとしてカイロに送られて、市場《バザール》に曝された。

12

イスマイリの復興

モンゴル将軍キドブハ・ノヤンの戦死は、モンゴル史に一時期を画する出来事であった。それは以後のモンゴル人の運命を、隠微に象徴するものであったといえよう。キドブハの敗死は一時はほとんど無制限と思われたモンゴルの軍事力にも限界のあることを示すものであった。

キドブハの死は、かれ自身がいったように、フラグ・ハーンにとっては単なる一挿話《エピソード》にすぎなかった。かれの戦死は事実上、その後のフラグの政策になんらの影響も与えなかった。まだまだモンゴルは強力だった。マムルークは強敵ではあったが、フラグの本拠であるペルシアを脅かすほど強力ではなかった。フラグにとってはシリアを緩衝地帯として、時々必要に応じて兵を出したり、外交的手段を使用したりして、エジプト勢力の東進を妨げたりするぐらいで充分であった。従兄弟同士でありながらフラグと仲のわるかったロシアのモンゴル王朝キプチャック・ハーン国のベレケは、クゥトスを暗殺してエジプトのスルタンの位に即いたビバールズとまもなく同盟関係を結んだ。フラグにこれは大きな打撃であった。しかしこれとて積極的にフラグの本拠ペルシアまでを脅かすようなものでは決してなかった。

故郷のモンゴリア高原に似て高燥であり、しかもモンゴリアに較べて地勢が変化に富むアジェルバイジャン高原はフラグを魅惑した。この地方はなだらかな丘陵が起伏し、モンゴル人が白い海《チャガン・ノール》と名づけたウルミア湖が横たわり、水草豊富な絶好の牧地であった。アジェルバイジャンはまたムギの大産地で、ペルシアの穀倉といわれている。アジェルバイジャンの古都タブリズに都を奠《さだ》めたフラグ・ハーンは、この快適な地に住み、西アジア全土から集めた財宝と、六人の妻と十二人の妾に取りかこまれて、満足しきった生活を送った。

といってもかれはいかなる意味においても懶惰な君主ではない。中国皇帝になった兄のフビライ・ハーンに較べて、はるかに複雑な情勢に対処して大局を誤ることはなかった。しかしフビライが支配した中国は、なるほど国土は広大であり人民の数は巨大だった。しかしフビライの領土は東は大海に臨み、西は中央アジア高原に遮られ、自然的にも一つの独立の地域を形成している。北方はモンゴル人自身の故郷であり、ここから脅かされることはない。中国の支配者たるモンゴル人にとっては、北方高原はむしろ万一の場合における安全な退避所でもあった。南にはまだ宋の残党がいたが、その滅亡は単に時期の問題であった。中国に接するインドシナ半島の民は温和であり、戦士ではなかった。偉大な定着帝国、中国の征服は困難にはちがいはない。しかしそれは一民族、一文化のまとまった地域であり、近隣から介入する強大な第三勢力はなかった。従ってその征服と支配には複雑な問題は存在しなかった。

フラグ・ハーンのおかれた立場はちがっていた。ペルシアの北と東はトルキスタン、南ロシア平原に続き、そこにはモンゴル人と同類のトルコ系遊牧民が蟠踞している。かれらは武力的に恐るべき敵手であった。かれらはモンゴル人独特の騎馬戦術を学びとると、モンゴル人に劣らぬ強力な騎馬民族になった。西にはイスラム教の本拠であるシリア、イラク、エジプトがあり、さらに十字軍という強力なヨーロッパ勢力が地中海東岸に拠点を構えていた。フラグのイル・ハーン国は、このように南を除く三方からつねに強大な勢力の脅威を受ける立場にあった。万一の際、退いてモンゴリア本地に拠るには、それはあまりに遠かった。

また西アジアの民族構成、文化、宗教、言語なども、中国に較べてははるかに複雑である。イラン系、セム系、トルコ系の幾多の民族が、あるいは雑居し、あるいは近接して住んでいた。イスラムは多くの宗派、分派にわかれて、時には対立し、時には力を合わせた。そのうえキリスト教徒、ユダヤ人などの介在は西アジア社会の情勢をいっそう複雑なものにした。

*

フラグは一二六五年、四十八歳で死んだ。その後は長子のアバカ（一二六五―八一年）が継いだが、アバカが死ぬと継承問題でしばらく紛争が続いた後、かれの長子アルグン（一二八四―九一年）がイル・ハーンの位に登り、アルグンが死ぬと弟のガイカツ（一二九一―九五年）が後を襲った。フビライの命によりマルコ・ポーロがコカチン姫を伴ってペルシアにきたのは、このガイカツの時のことである。これまでのイル・ハーンのうち、ある者はキリスト教に好意を示し、ある者はイスラム教に左袒したが、しかしはっきりそのいずれかに改宗した者はない。ガイカツが部下に殺された後、すこしの間争乱が起こったが、ガイカツの子ガザンが立ってイル・ハーンの位についた。

ガザン・ハーンは即位すると同時にイスラム教への改宗を宣言した。一二九五年のことである。この年には元朝の世祖フビライも死んでいる。ガザンは即位とともに、異教徒たるモンゴルの宗室元朝の宗主権を否認した。

ガザンが改宗する以前にも、ペルシアのモンゴル人のうちにはすでにイスラム教徒になっていた者もすくなくなかったが、これを機会に多くのモンゴルの将領や廷臣は頭にターバンを巻きつけ、公然とイスラム教徒であることを示すようになった。

ガザン・ハーンはただちに異教に対する迫害をはじめた。当時、ペルシアにはかなり多くのラマ僧がいた。かれらはチベット、東トルキスタン、中国などからやってきたもので、モンゴル人の宗教的寛容性に乗じて所々にラマ寺を建てた。改宗以前のガザン自身もペルシア北東部のクシャンに数カ所の仏寺を建てて寄進したことがある。改宗宣言とともに、かれはイスラムの教義に反する一切の仏寺、仏像、キリスト教会、ユダヤ教寺院等を破棄することを命じた。同時にこれらの宗教の僧侶、教職者で改宗を肯じない者は死刑に処し、信徒にも改宗を強制した。しかしモンゴルの有力な将領のうちには、ガザンのイスラムへの改宗と他の信仰に対する容赦ない迫害に不満を抱く者もあり、ガザンに対する陰謀や反乱が起こった。しかしこれらは弾圧を受けてまもなく収まってしまった。

ガザンはイスラムに改宗したからといって、もちろんモンゴルの仇敵エジプトのスルタンに対する攻撃をやめたわけではない。十三世紀の最終の年、かれはシリアに大軍を送り、エジプト軍を撃破し、ダマスクを占領し、例の如く破壊と掠奪を行なって引き揚げた。一三〇三年にはガザン・ハーン麾下のモンゴル軍は再びシリアに侵入し、ユーフラテス河を渡り、マムルーク兵と会戦した。この戦いでモンゴルは大敗し、多数の兵を失い、そのうちには捕虜になった千六百人に上るモンゴル兵もあった。シリアから逃げ帰った翌年、ガザンは死んだ。アバカ以後のイル・ハーンには有能な君主はなく、モンゴルの勢力は急激に低下していった。最後には失敗したとはいえ、ガザンは将軍としても相当の能力をもち、また政治方面ではペルシア史学の傑作『集史《ジャミ・ウト・タワリーク》』の著者ラシード・アッディンを宰相に任じて治績を挙げた。ガザン自身も学術を愛好し、博識でモンゴル語のほかにペルシア、アラブ、中国、チベット、カシュミールの諸語に通じ、ラテン語をも解したといわれる。

ガザン・ハーンはイスラム教徒としては熱心なシーア宗で、その聖蹟ケルベラを修築したこともある。またかれはメシェッドにあるシーア宗第八代イマームであるアリ・アル・

リダーの墓の修築に莫大な寄進をした。ガザン・ハーンの死後、イル・ハーン朝はそのまなお数十年のあいだ続いた。しかし十四世紀以後のペルシアのモンゴル王朝は完全にイスラム化し、一般のモンゴル人もその多くはイスラムに改宗した。

中国のモンゴル人は元朝が滅亡すると、本拠地のモンゴリアに引き揚げた。ペルシアのモンゴルはこれとちがって、イル・ハーン朝が滅びるとちりぢりに四散はしたが、依然としてホラサン、ホラズム地方に留まり、部族や氏族の単位で遊牧を続けた。これらの敗残モンゴルは辺地を横行してしばしば隊商を襲い、オアシスを掠奪するようなことがあった。こういう状態は近世まで続き、現在でもこのようなモンゴル人の後裔はなおアフガニスタン、イランの辺境に残存している。

＊

他方、ペルシアのニザリ・イスマイリはフラグ・ハーンによってその本拠を覆滅されて四散したが、シリア、イラク、エジプトのイスマイリは依然として職業的暗殺者としてスルタンに奉仕していた、もちろん相当の代償を受けての話であるが。ペルシアのニザリはモンゴルによって痛烈な打撃を受けはしたが、その精神は決して萎えることはなかった。エジプトの同教徒が堕落していったのに引きかえ、ペルシアのニザリはそのうちに不死鳥の如く廃墟から立ち上った。モンゴルが隆盛のあいだアジェルバイジャンの山中に隠れていたニザリのイマームは再び表面に現われた。

モンゴルはアラムートを一旦破壊したのちに、再建して要塞とし、守備兵をおいたが、復活したニザリは一二七五年にホラズム帝国の血を引く領主と協力してこれを奪取した。クーイスタンとルードバール地方には依然としてすくなからぬニザリが居住しており、十四世紀の前半にはスンニ宗はこの地方ではニザリによってほとんど一掃されてしまった。

アラムートのハサン・イ・サバーの墓はモンゴル時代にもルードバールやクーイスタンから礼拝に訪れる者が絶えなかった。ルードバール地方はつねにスンニ宗に対する反対運動の一中心をなしていた。十四世紀のはじめにはギーランで人間の姿を藉りた神が灰色のロバに乗って現われるという噂がひろがったが、これはニザリ信仰に関係があったといわれる。

イスマイリ派ニザリ教団の古くからの中心はしだいにシーア宗と融合していった。現代でもクーイスタンにはある程度のイスマイリが居住し、イランのその他の地方にも散在している。イラン西北のアジェルバイジャン地方において、イスマイリが勢力回復の運動を起こしたことがあり、またアナトリア半島のセルジューク族諸侯のある者はイスマイリであって、この宗派の復興に努力したという。またその前後、ペルシアでダウラトシャーという者がハサン三世の子と称し、イスマイリたちはこれをイマームと認めた。

ニザリ・イスマイリの「暗殺者の王国」滅亡後、かれらはその教義の中心を喪失することになったが、イスマイリ的思想と行為は急に消失するものではなかった。かれらは「復活」の日には、イマームを誹謗した者は、すべて木に逆しまに吊り下げられ、苦痛を受けると信じた。シリアのイスマイリに較べて、ペルシアのイスマイリはアラムート以来の伝統にいっそう忠実であったことは、その後のイスマイリの復興と、その結果としての近世におけるイスマイリの勢力への序曲をなすものであったといえよう。

現代のイスマイリは広くアジアに分散しているが、その隠然たる勢力は決して無視できるものではない。かれらの数はよくわからないが、すくなくとも百数十万に達していることだけはまちがいなく、その分布も西はアフリカから東は中央アジア、インドにいたるまでの地域にわたっている。

＊

十六世紀の前半に中央アジアから北インドに侵入し、カシュミールにトルコ・モンゴル王朝を建てたミルザ・ハイダル・ハーンという人がある。かれはインドのモグール朝の開祖バーブル帝の従兄弟にあたるが、十六世紀中央アジアの歴史家としていっそう有名である。ミルザ・ハイダルはボハラに生まれトルコ・モンゴル系の領主の一族であったが、その父が敵手に暗殺された後、パミール高原の西部、バダクシャンを経ていまのアフガニスタンのカブールに亡命し、バーブル帝の麾下に入りバダクシャン、カーフィリスタン(ヌーリスタン)、ラダーク、チベット、カシュミール等の征服に従事した。かれの有名な著書『タリーク・イ・ラシディ』はこの征戦の忠実な記録である。

ミルザ・ハイダル・ハーンはトルキスタン各地にながい間にわたって転戦したが、その時バダクシャンで接触したイスマイリに関して記録を残している。それは十六世紀の中央アジアにおけるイスマイリと、かれらがその地方でどういうように見られていたかということを示す一資料としておもしろい。以下簡単に述べておこう。

トルキスタンではイスマイリはチラーグ・クシュといわれていた。チラーグ・クシュとは「燈火《ともしび》を消すもの」という意味である。このほかに「邪教徒」という意味のムラーヒダともいわれていた。しかしチラーグ・クシュという名には、ほかにちょっとおもしろい意味が含まれている。「燈火を消すもの」ということはおそらく真理に従わないという意味も含んでいるが、同時につぎのように解釈されている。邪教徒ムラーヒダは夜の祈禱集会が終ると、燈火を吹き消して闇のなかで不倫、乱倫の振舞いに耽るからだという。

このチラーグ・クシュの首領に、ペルシアのクーイスタンからきたシャー・ラジー・アッディンという者があり、バダクシャンに勢力をふるい、チラーグ・クシュ以外の者を見つけしだい殺戮した。殺戮の説明として、不信者を殺すことは、来世においてかれらを救う手段だというのである。ミルザ・ハイダルによると、バダクシャン住民の大部分はこうしてイスマイリに改宗させられた。かれらは世界には始めもなく、終りもなく、復活もなく、来世も存在しない。また預言者ムハマッドの時代にはシャリーア（律法）が強制されていたが、いま人間がなすべきことは、シャリーアに従うことではなく、ただイスマイリの教義の真の意味を知り、忠実にそれを行なうことである。これ以外の規則や規範はすべて無意味であり、無用である。たとえば性生活においても、人間は自分の欲するままに欲望を充足すればよいので、結婚の必要もなく、いかなる相手であろうと性欲の対象となるものならさしつかえない。さらにもし欲するならば、他人の生命や財産を奪って自らの欲望を満足させるべきである。このように十六世紀のバダクシャンは十二、三世紀のアラムート、ルードバールのようにイスマイリが跋扈し、しかも辺境であるだけにニザリ・イスマイリ思想はさらに歪められた形で実行された。

＊

イスマイリは十五世紀ごろにインド半島西部に流入した。かれらはインド思想と混合した形においてイスマイリの教義と思想を宣伝し、信徒はホージャと呼ばれた。そしてイマームをアガ・ハーンと称した。かれらは自ら時にはシーア宗、時にはスンニ宗の一派と称したが、他のイスラム教徒とは全く別派を構成し、婚姻、離婚などに関しても一般イスラムとは異なる慣習を採用した。しかしこのイスマイリ教団の最大の特徴は財産権であった。かれらは信者の財産は教団の共有財産、あるいはイマームであるアガ・ハーンの財産とみなす。信者はその収入の多くを毎年アガ・ハーンに献納する義務を課されている。

アガ・ハーンはアラムートの「山の長老」の後裔といわれている。しかしアガ・ハーンがインドにきたのは十八世紀の初めのことで、それまではペルシアのケルマンにいたが、領地に反乱が起こり、インドに亡命したホージャたちの尊崇を受けて、かれらの主長となった。ところがアガ・ハーンはホージャに対して極度の苛斂誅求を行なったので、ボンベイの信者たちは一八六六年にボンベイ高等法院に訴訟を提起し、ホージャの財産に対するアガ・ハーンの権利の無効、ホージャの共有財産の正統イスラム教への返還を要求した。ところが法廷はアガ・ハーンの提出した証拠に基づいて、アガ・ハーンはアラムートの「山の長老」の正統の後継者たることを認め、ホージャたちの訴訟を却下した。この判決はインドのイギリス法廷にかけられた裁判のうちでも、最も奇妙な訴訟事件であったといわれている。

こうしてアガ・ハーンはインドにおいて最も富裕な一人といわれ、その生活の豪奢さ、後宮の美人の数、それに競馬ウマの所有者としてその名を謳われた。一八七五年に、あるイギリス人が雑誌「オヴァーランド・インディア」につぎのように書いている。

アガ・ハーンはマルコ・ポーロ時代のかれの祖先の「山の長老」のように、壮麗な宮殿を持ち、かれの息子たちは「ペルシアの王子」と呼ばれ、スポーツマンとしても有名である。アガ・ハーンは老年になっても競馬に対する異常な情熱を失わず、世界でも最良のアラビア名馬の所有者である。かれはウマのためには金を惜しまず、最良の調馬師とジョッキーを世界中から捜し求めてくる。

中央アジアやペルシアに戦争や、なにか騒動の気配があると、それを最初に知るのはアガ・ハーンである。そしてかれは即座に英領インドの総督や高官にその情報を提供する。そしてイギリス官憲に対し、なにかの役に立ちたいと申し出る。

この一文に見えるアガ・ハーンの習性は、形こそ異なれ、中世の奇怪な「山の長老」を髣髴させるものがある。

アガ・ハーンの後裔は現在でもイスマイリ・ホージャの尊崇を受け、誕生日には巨額の祝賀の金銭物品を受け、また銀婚式と金婚式におのおの体重と同量の金、銀を贈られる。それ故、アガ・ハーンは肥満することに努めるという。近世の「山の長老」は美女を擁することはできたが、もはや暗殺者を養うことは許されなかった。選りすぐった暗殺者の代りに、選りすぐったアラブ・ウマを飼うことになったのである。

13
ニザリ思想の系譜と展開

イスラム教徒はどの宗派、分派に属するとを問わず、一定の共通の信条をもっている。かれらはコーランを信じ、預言者ムハマッドの言行として信ぜられているハディースを規範とする。また一定の宗教的儀礼、倫理、律法を信奉する。

スンニ宗はイスラム教の正統派と称し、イスラム共同体のこれらのシンボルを信奉することを信条とし、同時にこれに反するあらゆるものを異端とみなし、排撃する。スンニはイスラム教徒の最高指導者としてバグダードのカリフを支持し、カリフ朝は西暦七五〇年以後イスラム教徒の大部分によって支持された。教徒はその初代の教徒を尊崇し、ムハマッドの言行とともに初代教徒が合意、一致に到達したと伝えたところをその規範とした。そして信仰、あるいはイスラム共同体の名における独立的あるいは分離的傾向を強く排斥した。このようにスンニ宗は一定の基礎的な法的および儀礼的体系(シャリーア)を成立せしめた。しかしあらゆるイスラム共同体によって普遍的として承認されたシャリーアは存在しなかったので、いくつかの体系のうちから信徒は好むところを採用することができた。

絶対神アラーに対する敬虔さとアラーに対する個人的接触への欲求を調和させるために、スンニ宗の指導者たちはアラーの不可知性、超越性をある程度強調せざるをえなかった。その結果として禁欲的信仰生活を強調するスーフィ神秘派が生まれた。ただし伝統的スンニ宗はこの神秘主義的傾向に対してはむしろ否定的態度をとっていた。スンニ宗は厳正な宗教的真摯性を保ち、バグダードのカリフ朝の公的イスラム教を代表するものとして成立し、イスラム共同体の大部分に共通的基盤を与え、他方においてシーア宗をアリーの徒党的存在として排撃した。

シーア宗は初代の信徒団の一部から発生し、預言者ムハマッドの従兄弟で同時にその娘婿であるアリーの子孫を信徒の最高指導者（イマーム）とした。従ってシーア宗徒はカリフ朝とは別個の宗教的、政治的制度をつくり、ムハマッドの唯一の後継者はアリーであり、その正統の継承者はアリーの後裔に限ると主張した。地上における正義はこの正統な継承者によってのみ実現しうると信じた。シーア宗は八世紀の中葉までにいろいろの分派を生じたが、しかし全体としては優にスンニ宗に拮抗しうる大勢力に成長し、そのうちの一つであるアッバス一族がバグダードにカリフ朝を建設するに至った。ところがアッバス朝はシーア宗の期待を裏切って、逆にシーアを捨ててスンニを支持するようになった。

＊

シーア宗の一派として発生したイスマイリ派はアリーの子孫をもってイマーム（指導者）とはするが、それは単にアリーの子孫というばかりではなく、さらにアリーの後裔のうちでもムハマッドの娘ファーティマの子孫にイマーム資格者を限定した。イスマイリ派はアリー以後のイマームはすべて特定の指定（ナッス）によってその位につき、かくして即位したイマームのみが律法と儀礼の施行を決定する権限を有すると主張した。このイマームは世上の君主であり、シャリーアの監視者であり、信者の献身の指導者とみなされた。

イスマイリ派に見出される共通の特色はその信仰が劇的な色彩を帯びている点である。ある種のロマンティシズムといってもよい。イスマイリ派は非妥協的であり、スンニ宗が尊崇する初代教徒や以後の指導者を認めない。イスマイリは愛と憎悪においてともに極端であった。かれらはシーアこそこの腐敗した現世に島のごとく残された唯一の、真実のイスラム教徒であると信じ、殉教的精神を鼓吹した。

このような信仰は当然に秘教的性質を帯びざるをえない。イスマイリに限らず一般的にシーア宗はイマームに対する個人的忠誠を強調した。その結果、イマームは超人間的性質を賦与された。イスマイリによると、そのイマームは預言者ムハマッドによって神の属性の一部を与えられ、これを代々継承するものとされた。そして歴代の迫害の事実が劇化され、迫害そのものの宗教的価値が強調されるようになった。イマームに対する忠誠のためにはイスマイリ信徒はスンニ、シーアによる迫害を進んで耐え忍ばなければならない。イマームすら迫害に会ったではないか。信徒がよろこんで迫害に直面するのは当然である。こうしてシーア、特にイスマイリは極端派というよりはむしろ狂信に近くなっていった。

＊

初期のシーア宗のうちにはかなり宗教的な思惟が行なわれ来世の性質、神の啓示の可能性、儀礼の本質というような問題が活潑に論議された。そしてこういう思索のあるもののうちには、イスラム大衆が信奉し、正常と考えられていた一般的観念の範囲を越えるものがあった。同時にシーアはそのイマームのみならず一般信徒に対してすら過大、異常な精神上の要求をした。こういう傾向は特にイスマイリにおいて顕著に見出される。

初期のイスマイリからしてすでに非正統派的要素が強かったことは知られているが、こまかいことは明らかでない。九世紀になるとイスマイリ派の状態もかなり知られてくる。当時、イマームはすでにある程度の神性が賦与されていた。イスマイリはイマームを一種の小宇宙とみなし、宇宙の形而上的精神が人格化されたものと考えた。イマームは形而上的真理そのものであり、預言者ムハマッドの言行の正当な解釈者であるとされた。

このようにイマームはコーランとハディース（預言者の言行）の最高の権威者であり、律法と儀礼の執行者である。それのみではなく、超越的存在としての神の表現についてもイマームを通してのみ知ることができる。こういう考えの結果として、イスマイリは必然的に神秘主義にならざるをえなかった。

イスマイリはコーランを承認し、スンニと異るハディースを成立せしめたが、シャリーアについてはスンニと大差はなかった。偉大な宗教家としてのムハマッドを通じて全イスラム教徒は容易に一体となることができたが、それにもかかわらずスンニの奉ずる過度に非人格的な、あまりに客観的なシャリーアは、一部の信徒、特にシーア、そのうちでも特にイスマイリのロマンティックな精神に対して反撥を起こさせざるをえなかった。

しかし宗教団体としてのイスマイリ、あるいは神権国家としてのニザリは決して単なる精神、信仰、思想による団結とみなすことはできない。ニザリは宗教的集団ではあったが、同時に強固な現世的制度をもつ国家であり、イマームをその頂点とするピラミッド型の階層的組織であった。イマームの下にはダーイ(宣教者)がおり、このダーイの階層はさらに細分され、その最下層が一般信徒であった。

宗教団体としてのイスマイリはその宇宙観にもとづいて極めて微細な点にいたるまで、形而上から形而下のあらゆる問題に対する解決を一つの体系にまとめあげた。信者個人としての「真理」の追求からイスマイリ共同体の制度、さては政治の手段としての暗殺にいたるまで万般の現象、行為に対する完璧な論理的説明が用意されていた。イスマイリ思想の部分部分には現実と遊離し、非合理的なものがすくなくなく、その極端なものとしては暗殺の正当化というようなこともあるが、ニザリ思想を全体として見るならば、一定の前提から出発して整然たる体系にまとめあげている。イスマイリ思想を承認するということは、それを全体として承認することで、もしその一部を否定するならば、それはイスマイリ思想全体を否定することになる。たとえばニザリ思想の極端に歪曲された例は暗殺の正当化であるが、これ一つを否定することはイスマイリ思想そのものの否定になる。

イスマイリ思想体系には、原則的には個人の自由思想がはいりこむ余地はない。それは一個の完成され、完結された体系であり、ニザリ・イスマイリ的「真理」の追究は、古文献を精細に検討することによって、そのうちに隠されている意味を「発見」するということ以外にはない。しかしイマームに忠誠を誓う者には、イスラムの哲学書のうちに隠されている多くの秘義、奥義を見出す特権が賦与されるのみならず、多くのイスマイリ先達の伝記のうちには偉大な個人の真理の追究の実例が描かれているとして、「真理」探究への個人的努力が奨励された。その結果として一方には完結された整然たる思想体系が成立するとともに、他方では厖大な体系の枠内においてではあったが、百花繚乱たる自由思想が盛行した。

イマーム一身に権力が集中され、以下能力に応じて固定した階層に所属する個人はおのおのその分に応じた地位におかれる。しかしイマーム以外は天賦と努力によって階層を上ることができる。こういう組織は、近代的なことばでいえば一種のエリート制度でもある。この点でスンニ宗の信者平等主義とはまさに対蹠的である。正統スンニにおいては絶対神アラーの前にはいかなる人間も——能力、才幹、地位を問わず——すべて同一である。無限に対しては有限はすべて同一である。こういう立場においてスンニは非人格的律法体系を築き上げた。これに反してイスマイリはより人間的である。イマームとその「真理」に近づくに従って、世俗的にエリートにも近づく。

イマームは宇宙秩序の体現と考えられ、個人に対する終局的権威を有するものとされ、あらかじめ定められている秩序の運行を予知しているものと解された。イマームに対してこのような高い、不可侵の地位を賦与することは、スンニにとっては許し難いことであった。

*

スンニ宗成立の基礎は、ムハマッドに対する神の啓示、イスラムの勝利、その他主な歴史的事実にあるものと解され、全イスラム共同体はこのような歴史的過程によって結びつけられていると考えられた。しかるにイスマイリ思想家たちはこれとは全く対蹠的な歴史観を展開した。

歴代のイマームが絶対的権威を有することを証明するために、スンニ思想における歴史の継続、発展性に対し、歴史の反覆、循環性を唱えた。かれらによれば、歴史というものは一定の型《タイプ》の繰り返しであり、従って各時代は反覆する歴史のタイプのうちの一つの再現である。また歴史の一瞬一瞬もそれ自身で完結するものであって、連続、生成するものではない。そうすると当然歴史における個人の役割というものはちいさくなる、あるいは無視されてもよい。イスマイリ神学においてはシーア宗の歴史に登場する幾多の偉人、英雄たちは影が薄くなってしまった。歴史上の事件があるイマームの時代以上に連続した場合にも、それは歴史的過程の循環の一タイプだと説明される。各時代はおのおの一人のイマームによって始まり、一定の事実、事件が型のごとく生起し、これが反覆されて終結に達する。

このような宇宙的使命をもつイマームと、かれに忠誠を誓う信者の集団の思想は、必然的にスンニ宗の客観主義、形式主義と異なり、主観主義、人間中心主義に導かれた。イスマイリはその意味ですこぶる人間臭く、人間の存在によって万象が意味をもつということになる。しかしそこでは人間はすでに完成されている宇宙、すなわちイマームの不完全なイメージとみなされ、個々の人間のもつ意味はすべて宇宙との関係に依拠すると考えられた。人間のみならず、他の万物もすべて宇宙においてなんらかの意味を持つとされた。

以上のようにイスマイリの思想においては、歴史はその時代時代に現われるイマームの演出する舞台において演ぜられる一定の戯曲にもとづく劇のようなもので、俳優は与えられた役割をいかによく勤めるかということで価値が定まる。従って筋はきまっているが、演技の洗練には限界はなく、そこに人間の自由がある。

＊

十一世紀になるとイスマイリ王朝であるカイロのファーティマ朝は衰退の色を濃くした。この時代には一時エジプト軍がバグダードを占領したこともあるが、まもなく追い払われ、イスマイリは政治的危機に面した。政治上のみならず、宗教的にもスンニ宗のめざましい発展に比較して後退的な形勢にあった。スンニはこのころ西アジアにおける非イスラム種族の間に急速に改宗者を獲得しつつあった。スンニ勢力の拡張の大きな原因の一つはスーフィ神秘派との協調にあった。シーア宗は一般にスーフィに反対であった。よく知られているように、スーフィは聖者崇拝を行なうが、これは唯一のイマーム以外に崇拝の対象を認めないイスマイリにとっては許容しえないところであった。しかるにスーフィの禁欲托鉢僧とスンニの律法主義者とはおのおの別の道を歩み、お互いに接触を避け、従って相互に冷淡な態度を持したが、直接対立の関係にはなかった。いい換えれば、この両者はおのおの同じ人間の異なる必要を代表するものであった。さらに神秘的傾向をもつスーフィとしてはイスマイリの厳格な組織、峻厳な規律よりもスンニの寛容性に対して共感を抱いた。セルジューク・トルコ人が西アジアに覇権を確立すると、かれらは民衆の間で尊敬されているスーフィ派のシャイフ（聖者）を利用してスンニ宗を主軸とするイスラム教権の樹立を企てた。実力者たるセルジューク族のスンニ宗支持によってバグダードのカリフ朝が復興し、スンニ宗はイスラムの正統派としての地位を再確認された。セルジューク族の首長はシーア宗に対して直接間接の圧力を加え、シーアは重大な危機に当面することになった。

このシーア宗の危機にあたって立ち上ったのがニザリ教団であった。セルジューク人の多くの封建領地に分散していたイスマイリはエジプトのファーティマ王朝とは別個に独自の態度、政策を採用した。これらのイスマイリは自ら新たにニザリと称し、北方からの蛮民セルジュークに対し決然として反抗の鋒先を向け始めた。

ニザリ教団はあらゆる手段に訴えて地方の戦術的要地を襲撃し、セルジュークはもちろんのことスンニ教徒と見ればこれを鏖殺《みなごろ》しにした。大都市といえどもニザリの狂信的な必死の鋭鋒を免れることはできなかった。しかしこのような尖鋭な少数のニザリ信徒による暴力的攻勢には自らなる限界があった。セルジューク人領主やスンニ教徒の指導者たちはニザリの襲撃、特にその暗殺者によって恐慌に陥れられた。しかしイスマイリにとって多数派たるスンニ宗と結んだセルジューク支配者の勢力を打破することは不可能であった。またセルジュークとスンニにしても強固な要塞に立てこもるニザリ教団を一掃することはその力の及ぶところではなかった。

こうしてニザリ教団は西は地中海沿岸から東はヒンズークッシュ山脈にいたるまでの広

大な地域にわたって、十三世紀の中葉にモンゴル人によって潰滅的な打撃を蒙るまで、およそ二世紀半にわたってイスラム世界における独自の、そして怪奇な一大勢力としての存在を保ったのである。

＊

奇怪なニザリ・イスマイリ教団を奇怪ということばだけで片付けるわけにはいかない。かれらの奇怪な行為は、単なる一時的狂信とか、知能の低い者の煽動とか、少数者の権力欲とかで解釈できるものではない。アラムートを中心として暗殺を政治的手段とする奇怪な王国は、十世紀の末から十三世紀の中葉にわたって、バグダードのカリフ朝に拮抗する宗教的権威をもった。武力的、政治的にはセルジューク帝国と優に対抗しえた。そして最後には当時の世界の五分の三までを席捲したモンゴル人に対し三十余年にわたって敵対した。この暗殺者の国は決して一時的、瞬間的な変則的現象とみなすことはできないのである。それなら二世紀半にわたるこのニザリ・イスマイリ教国の奇怪な活動の基底には、いったいなにものが存在していたのだろうか。この疑問に答えるためには、ニザリ・イスマイリ思想を知ることが必要である。

初代の「山の長老《シャイフ・アル・ジャバル》」ハサン・イ・サバー（一〇九〇―一一二四）についでブズル

グ・ウミッド（一一二四―三八）、つぎにはムハマッド・ビン・ブズルグ・ウミッド（一一三八―六三）がおのおの位についた。この三代、七十一年間をニザリ教国の前期ということができる。ところが第四代のハサン二世（一一六二―六六）の時代になると、ニザリ教団の教理に重大な変化が生じる。それ以後を後期といってよい。

ハサン二世は三十五歳で父のムハマッドの位を継いだが、その二年半後には、教団の教理と組織に根本的変改を宣言することになった。ハサン・イ・サバーをモーゼにたとえるならば、ハサン二世はキリストに比較できる。かれの改革はニザリ・イスマイリ派の思想と制度を一変せしめたものといってよい。

ハサン二世はヘジラの五五九年、断食月《ラマザーン》の十七日、アラムート山城の麓に西アジア各地に散在するイスマイリの代表者を招集し、荘厳な儀式を行なって改革宣言を行なった。ついでその十週間後にはクーイスタンのムミナーバードで同様の儀式を催した。

この宣言においてハサン二世は三カ条の革命的改革を明らかにしている。第一はハサン二世はカリフ（イマーム）すなわち全イスラム教徒の最高指揮者であり、神によって任命された世界の唯一の支配者である。在来の一切のシャリーア（律法）を廃止し、死者の復活を宣し、ここに世界の終末がきたったことを明らかにした。この際、かれの宣言に従う者は不死永生に入り、従わない者は裁かれ、そして無に帰する。こういう意味のもので、これをキヤーマ（復活）と称した。そしてハサン二世こそ、キヤーマにおけるカーイム

（絶対的審判者）であることを宣言した。

従ってハサン二世はイマーム（カリフ）であるとともに預言者であるが、キヤーマの預言者、すなわちこれこそ真の最後の預言者であり、預言者ムハマッドよりさらに位の高い預言者であることを意味した。そして預言者ムハマッドはそれまで世に現われた六人の預言者のうちのただ一人にすぎないことになった。こういうことになれば、ニザリは単なるイスラム教の一派ではなく、もはや全く新しい宗教ということになる。

＊

カーイムの使命は地上に「楽園《パラダイス》」をもたらすことである。ニザリの教義によれば、イスラムの伝統的な律法は「世界の終末」にはもはや何の役にも立たない。この時には人間の行為も、精神と肉体の悩みも存在しない。人間の存在の必須条件である生殖さえも規則正しく「春」においてのみ行なわれる。カーイムがこの世に現われる時において、あらゆる人間はイマームを承認しなければならない。イマームの出現した時にその実現を認めるのでは、時はすでにおそい。イマームの実在を承認する者は、永遠の生命を与えられ、かれらの上に平和が訪れ、あらゆる変化は停止する。このような思想にはヨーロッパ中世の神秘思想と一脈の通ずるものがある。宇宙の一切の動きは止まる、そして永遠の休息がくる。信ずる者は報われ、そして享楽する時が到来する。

このような世界終末観こそニザリの奇怪な信条と、かれらの活動の根拠となったものなのである。ハサン・イ・サバーはこのキヤーマの到来の預言者であり、ハサン二世こそキヤーマにおけるカーイムである。

しかしこのような世界終末の到来は、ニザリにあっては決して現世的な性質のものではなかった。それは精神、そして同時に最高の存在としての実現であると解釈された。従って個人に対するキヤーマとは、死の瞬間における純粋に精神的な復活を意味した。「楽園」は精神的実在であり、肉体的実在ではない。「楽園」が精神の世界である以上、それは死であると同時に生でなければならぬ。カーイムの機能はこの地上に楽園《パラダイス》をもたらすことである。この世にカーイムが出現する時、人間は悔恨してももうおそい。その時にはすでにあらゆる不信心者は絶滅しつくされているであろう。

ニザリ・イスマイリの思想において「復活」の到来を告げる最初の喇叭を吹く者はハサン・イ・サバーである。ハサン・イ・サバーはキリスト教におけるモーゼの役割をつとめると考えられる。ニザリのあらゆる努力は宇宙万物の終末という点に集中される。キヤーマ（復活）が実現し、この宿命を告げる第二の喇叭が吹かれる。そしてハサン・イ・サバーの死後四十年において、ハサン二世は最後の時を宣言した。

ニザリ思想は一種の虚無、破滅の思想である。それは近代のニヒリズムに似ているが、異なるところは神秘的な前提の上に立ち、さらに体系的な思想を発展させるとともに、それに強靭な共同体的組織が与えられたことである。

*

ハサン二世はキヤーマ思想の強制を意図した。かれはイスラムのシャリーア（律法）に従う者に対してはすべて死刑を以て臨むことを宣告した。シャリーアが実施された時代には自由思想は死刑に値いする罪であった如く、シャリーアが廃止された時には、シャリーアに従う者の刑は死である。こうしてニザリの領土からはニザリ以外の者は一掃されたといわれる。

しかしニザリ領土から亡命したイスラム教徒は当然にニザリに対する反撃を試み、これに対してハサン二世はあらゆるイスラム世界の破滅を企図した。その最初の試みは、スンニ宗に属するカズヴィンの破壊である。かれはカズヴィン市の郊外に城寨を建設して包囲網を張りめぐらした。しかしキヤーマを宣言してから一年半後に、ハサン二世は自分の腹ちがいの弟によって暗殺された。ハサン二世の子、ムハマッド二世は父の暗殺に復仇すると称して、おじの一族をことごとく処刑した。

ムハマッド二世はニザリの思想とその実行に関しては、父のハサン二世以上に狂信的であった。かれはハサン二世を真のイマームとし、「楽園」における見神とイマームを一体化し、神はこのイマームの姿においてのみ見られるとした。こうしていまやキヤーマはニザリ・イスマイリの思想的中心として確立された。

＊

ムハマッド二世によれば、究極の存在である神はいかなる状態においても存在するものであって、敬虔なる信者は神なるイマームを直接に見ることができるという。世界、宇宙の存在の目的は、ただ神を知り神を見ることである。この目的実現の唯一の手段はイマームに関する完全な知識の獲得である。何となればイマームこそ神の表現であるからだ。こうしてニザリはハサン二世、ムハマッド二世以前のあらゆる預言者を抹殺したのである。同時に現存するニザリのイマームこそすべてである。かれに従い、かれによって生きる――この場合、死は死ではない――ことがただ一つの道で、これ以外にはなにものもない。ここに至ってニザリ思想における普遍的真理は極度に素朴化された。その洗練された論理的構成に比しては、あまりに素朴な結論であった。しかしこれは同時にハサン・イ・サバーの非歴史主義と一致するものであった。

イマームに関するこういう考え方はイスマイリの宇宙観とも合致する。ニザリ以前のイスマイリ思想においては、唯一神の表現としての宇宙の秩序にある程度の差異を許容した。たとえばシーア派の初代イマーム、アリーは必ずしも預言者ムハマッドよりも高い地位を占めるものとはされていない。これに対してキヤーマにおいてはイマームはつねにカーイムであり、カーイムは同時にイマームであり、ニザリ的宇宙秩序における最高の位置にある。またアラムートにおいてはイマームが絶対で、しかもカーイム即ちイマームであった。従ってアラムートのイマームは預言者ムハマッドの上位にあり、イマームの律法はムハマッドの律法に優越するものと考えられた。

ニザリ以前のイスマイリ思想においては、神はその属性を有しないと同時に、属性を有するとみなされていたが、ニザリは神は属性を有するが、本質的には属性を有さないと説明する。こういう表現の相違までも特に強調する限り、ニザリ共同体はそれ以外のイスラム世界とは全く異質の特殊社会であり、一般的社会に対する責任は一切背負う必要はないということになる。いいかえれば、極端な「無責任時代」を主張したものといってよい。神はその本質において何等の属性を持たぬ。その場合場合においてあらゆる形を採り得る。時には幼児、時には老人、時には胎児の姿であってもよい。一切の形を採るがゆえに、一切の形を採らない。すべての拘束、あらゆる律法、道徳の拘束から解放され、完全に行為の自由を有する。

*

イマームは神そのものである。ゆえに人間は太陽によって太陽を見るごとく、人間自身によって神を見るのである。人間は自らを知ることによって神を知る。必ずしもキヤーマにおいて神に近づく必要もない、人間はつねに神の存在とともに存在する。人間は神を尊崇することによって神に近づく必要はない、人間はおよそいかなる仲介——神への尊崇さえ——もなくして神に接することができる。

一般の人間にとって不可能を可能とする唯一の存在はイマームである。その意味でニザリのイマームはイスラム神秘派たるスーフィの思想に類似点を見出す。スーフィ信者はその精神的指導たるシャイフ（精神的指導者）に絶対的信頼を誓う。同様にニザリはそのイマームに絶対的に服従する。スーフィ信者はシャイフのうちに自らを忘却し、シャイフのうちに神性を見出す。

しかしながらニザリの場合はすこしくこれと異なる。イマームにおける神の姿は、決してイマームが何人であるかということには関係はない。ニザリにあっては神についての知識は、すなわちイマームについての知識である。かれらはニザリのイマームは、必要とする神についての知識はすべて具現していると考える。現世におけるいかなる、そしてすべての人間は神に接することができると考える。

スーフィ神秘派が個人主義的であるのに対し、ニザリ派は共同体的である。かれらはニザリ的キャーマにおける宇宙すなわち個人、個人すなわち宇宙という世界観に徹する。「イマームが存在しないならば、世界は存在しない」というのがシーア派の世界観である。いいかえると、現実にイマームが存在しないならば、世界はその存在の意義を失い、個人もまた存在し得ない。すなわち世界、宇宙そのものも存在しない。イマームは単に神の表現であるのみならず、世界の存在そのものである。こういう意味において、イマームはスーフィ派の指導者たるシャイフとは根本的に異なる。ニザリ派にあってはイマームに対する献身は、スーフィ派のシャイフに対する奉仕のようなものではなく、絶対無二の献身、イマームのいかなる命令に対しても盲目的に服従し、一点の疑念も許さない献身である。

ニザリにとってはイマームをこの眼で見、イマームを信ずる以外に、他には救われる道は全然存在しないのである。イスラム教の他の「七十二派」はことごとく迷妄である。イマームは世界そのものであり、神そのものの表現である。イマームを見、イマームを知り得るのはニザリのみである。しかしイマームを知り得る唯一の契機はキャーマ（復活）である。しかして人生はすべて信仰における部分——すなわち「楽園」——としてのみ認識され得る。部分的に見るならば、そして個人の才能に応じて見るならば、あらゆる現象は物質的であり、それゆえに過ぎゆく一時的な姿にすぎない。これに対して全体的見地に立つならば、人間の部分性は消滅し、精神のみが実在となり、神以外のなにものも存在しなくなる。もし部分的、相対的立場に立つならば、イマームといえども自然のうちの一個の人間としての存在にすぎない。しかし究極的、全体的立場に立ってみるならば、イマームは神の表現であり、イマームの居所はすなわち神の法廷である。

*

キヤーマの観念は、以上に述べたむしろ単純素朴なニザリの中心的思想に較べて、複雑なものだといえる。この観念の形成には、おそらく著名の学者ナシール・アッディン・トゥシなどを含む当時の哲学者たちが参加していたものと思われる。

イスラム学者たちによれば、現世——自然物としての世界——は永遠に存在する、肉体が「復活」し、楽園あるいは地獄に入るのだから、その時においても世界は存在する。死と同時に霊魂はその功罪に応じて天国または地獄に入る。もしある霊魂がそれに値いするならば、霊魂はただちに肉体という外被を脱して直接に神に接することができる。スーフィ神秘派に従えば、人間は種々の段階に分けられるが、その上下高低は現世への執着の程度に応じ、その最高のものは常時神に接するものである。これは地上が楽園である。

ニザリ・イスマイリのイマームは宇宙的実在の表現であり、従ってイマームはその信者に対して、即時いかなるものをも与えることができる。イマームがキヤーマにおいて出現する時、イマームへの帰依はすなわち復活を意味する。その時、肉体という障害から解脱することは、とりもなおさず真理への到達を意味する。そこでは生の終末はイマームへの帰依を通じて生の創造主と直結する。それ故にキヤーマは現象であるが、同時に形而上的、神秘的存在でもある。キヤーマに際して出現するイマーム、換言すればニザリのカーイムは過去におけるあらゆる優れて顕著な個人をそのうちに具現するものであり、空間および時間に囚われるものではない。ここにもまたイスマイリの非歴史主義が顔を出してくる。アリーと現存のイマームとはこうして同一の存在とされる。

　こういう推論によってニザリのイマーム・カーイムは過去の預言者たちよりもいっそう高い地位にあるものとされた。シーア宗においてはアリーは預言者ムハマッドの上位におかれ、従ってアリーは他のいかなる預言者よりも上位を占める。これとともに各時代におけるイマーム・カーイムの代表者もそれぞれ設定されなければならぬ。そこでイマーム・カーイムのながいリストが作成された。イエスの時代にはマーメッド、モーゼの時代にはズルカルナイン（アレクサンドロス）、アブラハムの時代にはマリック・アス・サラーム、ノアの時代にはマリック・ヤズダーク、アダムの時代にはマリック・シューリム等がそれである。

イマーム・カーイムは不死であり、時間を超越する存在である。これに対しては人間は有限、むしろ極度に微小な瞬間的存在にすぎない。「復活」、キヤーマにおける人間などというものの存在の唯一の意義は、イマームに対する関係のみである。

*

あらゆる人間は、イマームに対する関係にあっては、キヤーマにおける三段階のどこに位置を占めるかということによってその意義が定められる。この三段階の最下位はイマームの反対者、すなわちシャリーア(スンニ宗の律法)を奉ずる者で、野獣と同一であり、真理の表皮を撫でまわしている者にすぎない。「復活」の日までに悔い改めないならば、かれらは無存在になる。かれらの存在は単なる外形にすぎず、実体はない。つぎはシャリーアを越え、イマームの忠実な召使になった者たちである。かれらは部分的真理は知る、そして「復活」において神を崇拝する度合に応じていろいろな位置におかれる。最上位は一切の外形を捨て、全真理を知り、イマームを知見する。かれらは完全な存在であり、「復活」に値いする者である。

右のように一切の人間は三つの段階に分類されるものである以上、すべての哲学的、神秘的知恵においては、複雑な宗教的体系は全然必要でない。コーランの難解な章句を解釈することも無用である。ニザリの階層的にして継続的な段階においては、生者と死者の間になんらの区別も存在しない。死の以前における「楽園」にあっては、神の法廷における人間の意義だけが問題なのである。神の前における人間は、神の啓示に参与することによってのみ実在を獲得しうる。ニザリはイマームのうちに世界を見出し、その世界においてあらゆる雑多な存在がはじめて統一のある、全体的存在になる。従ってこの場においてすべてのニザリは一体になり、各人はおのおの「楽園」にその適当な位置を見出すのである。ニザリ思想においては歴史は瞬間であり、永遠に繰り返される循環にすぎなく、「楽園」そのものすら永遠の統一において完結する歴史的循環のうちの一齣にすぎない。歴史の瞬間のうちに全歴史が存在する。何となれば世界、宇宙はすでに完成した存在であるからだ。あらゆる富は心のうちにある。「復活」の日において信者はこの世界を捨てるのである。

以上にハサン・イ・サバーからムハマッド三世にいたるニザリ思想の概要を述べたが、この奇体な思想体系——キヤーマにおいてクライマックスに達する——はアラムート第六代の主ハサン三世において再び大きな変化を見ることになる。あるいはこれをアンチ・クライマックスといえるかも知れない。しかしこのアンチ・クライマックスにはいるまえに、それに大きな影響を与えた西方シリアのニザリ・イスマイリを一瞥しなければならない。

*

アラムートのイマーム・カーイム、ムハマッド二世の時代に、東方のニザリは思想的にシリアのラシード・アッディン・シナーンの大きな影響を蒙ることになった。このシナーンは全イスマイリ史においてほとんど開祖ハサン・イ・サバー、カーイムの主唱者ハサン二世に匹敵する地位を占めるといわれる。あるいは偉大な宗教改革者といってもよい。

シナーンはバスラのシーア宗の家に生まれた。生年はよくわからない。若いころペルシアに赴いて修行し、その学問のみならず、優れた人格で評判になり、シリアのイスマイリの間で絶大な尊崇を受けた。一一三六年にはアラムートのハサン二世によってシリアのイスマイリの首長に任ぜられ、アラムートのイマームと同様に「山の長老《シャイフ・アル・ジャバル》」と呼ばれるようになった。かれはイスマイリ思想家としてのみでなく、政治家としても稀有の才能に恵まれ、少数派であるシリアのイスマイリを率いて、一方においてはスルタン・サラー・アッディン、他方においては十字軍と戦いつつシリアにおけるイスマイリの勢力を確立することに成功した。

シナーンはペルシアで修行中ハサン二世に出会った。ハサンがまだ即位していない時のことであった。二人は肝胆相照らしたと見えて、ハサンはイマームの位につくと、シナーンをシリアにアラムートの代表として派遣した。かれはシリアの複雑な情勢のうちにあって、イスマイリの先頭に立ち、巧みに政戦両略——必要に際しては例の暗殺者——を駆使して、イスマイリ領域を敵の攻撃から防禦し、時機を見て勇敢な攻撃によって多くの城寨を奪取した。

しかしイスマイリの歴史においてシナーンの占める位置は、このような政治や戦争においてよりは、宗教上の人物としてのほうがはるかに大きく高い。かれの生活や行為については早くから幾多の挿話や伝説が生まれた。ある時、かれがある村につくと、村長はうやうやしく蓋物に食物をいれて捧げたが、かれはその器物の蓋を開けようともしなかった。出発に際して村長はその理由を訊ねた。シナーンは、

「おまえの妻はあまり急いで料理したので、トリの内臓を取り出すのを忘れた。しかしそんなことが知れると、おまえの妻は恥をかかなければならない。わたしはそんなことが起こるのに忍びないので、蓋を開けなかったのだ」

といって立ち去った。シリアのイスマイリたちは、かれらの偉大な指導者の死後（一一九三年に没した）もその死を信ぜず、身を隠したといわれる洞窟から再びこの世に現われるものと信じていた。

シリアのイスマイリはアラムートの指導権を認めていたので、エジプトのイスマイリと相反することが多かった。しかしアラビア語を話すシリアのイスマイリは、ペルシア語を使用するイランのイスマイリと完全な意志の疎通はできなかった。その上、当時のシリアは十字軍とスルタン・サラー・アッディンとの間に挟まれて政情はつねに混乱していた。こういう情勢のうちにあってシリアのイスマイリは孤立し、それ故にキヤーマ思想に対するかれらの反応は当然イランにおけるそれと異ならざるをえなかった。

＊

シナーン自身はキヤーマの支持者であり、信奉者であった。しかしシナーンの力を以てしてもシリアのイスマイリの間にキヤーマ思想を浸透させることは容易ではなかった。従ってある点では、シナーンはアラムート的キヤーマをある程度改修したり、妥協せざるをえなかった。そのため後にシナーンはアラムート側の疑念を受け、裏切り者としてアラムート暗殺者につけ狙われたこともある。ハサン二世の後を継いだムハマッド二世はシナーンの暗殺を命じたともいわれている。一説によればシナーンはキリスト教に改宗するためにエルサレムに使者を派遣したという噂がその理由になったといわれるが、シナーンの名声が高くなるにつれて、アラムートはシリアのイスマイリの独立を懸念したと考えるほうがおそらく正しいであろう。シナーンの死後、シリアのイスマイリは再びアラムートに無条件服従を誓った。

シナーンはアラムート思想と同様にシャリーア（イスラム律法）を拒否しているが、かれの思想の底流には、アラムート流の峻厳さとはちがって、シリア的な温和な世俗性が見出されることは否定できない。シナーンはまた固定した階層としてのイマームではなく、流動的なイマームを認め、かれ自身かかる多くのイマームの一人であり、信者はその時代のイマームに服従すべきであるとしている。かれ自身の出現以前のイスラムは未完成のイスラムではあるが、しかしかれによって完成されるものではない。信者は自らが服従させられる信仰に服従しなければならない。シナーンはこう説いている。この程度の融通性はアラムート思想にも見出されぬことはない。しかしもしこの融通性が正式に認められるならば、シリアのイスマイリの独立性も承認せざるをえないことになる。さらにシナーンの説くように、階層化し、固定化した指導者ではなく——いいかえればアラムートに住む唯一のイマームではなく——個人の資質、才能によるメリット・システムを採用するならば、アラムートのイマームの権威は下降せざるをえない。

シリアにおけるイスマイリはシナーンの影響下にシーア宗の民衆的な要素が多く採り入れられた。それとともに優れた指導者の崇拝も盛んになった。イスラム開教初期に活動した人物の幾人かがキヤーマに結びつけられ、はなはだしい場合にはハサン・イ・サバーやハサン二世の協同者につくり上げられた。民衆的なシーア宗信仰の顕著な一例は化身説である。化身は輪廻と表裏の関係にある。シナーンは人間の輪廻は暗黒から浄化される日まで人間は同一の生命を繰り返すが、それは神を見、神を知ることを前提とすると考えた。シナーンの影響によってシリアのイスマイリは十字軍とスンニ、シーア両宗派の間にあって、時には一方に、時には他方に加担した。シナーンの死後もかれらは十字軍やシリアのスンニ宗、シーア宗との間に立って曖昧な態度を保っていたが、イスラム世界のうちにあってはアラムートと共同行動をとった。シリアのイスマイリは一二〇五年にダマスクで勢力のあったホラズムの名士を暗殺したが、これはアラムートの要請によるものといわれた。しかし時には十字軍、シリアのキリスト教徒とかなり密接な行動をとっている。スルタン・サラー・アッディンが十字軍を撃破した後、十字軍は地中海沿岸地方に追いつめられたが、イスマイリは依然として十字軍に貢物を贈っていた。しかし同時にイスマイリに対する恐怖心を継続させるために十字軍の将領を時々暗殺することは忘れなかった。十字軍の有名な王や将軍がイスマイリに暗殺されたのはこの前後に多い。モントフェラー伯コンラードが暗殺されたのはシナーンが死んだ年のことである。フランス王フィリップ・オーギュストはイスマイリに対しイギリスの王子リチャードに暗殺者を差し向けないように要請したといわれる。ビザンティウム皇帝アレキシアスはアナトリアのイスラム首領を暗殺するためにイスマイリを傭ったことがある。またイスマイリはフランスに暗殺者を派遣し、ルイ王子（後のルイ聖王）を殺そうとしたことがある。

*

ハサン三世が一二一〇年に即位すると、かれは直ちに中央アジアの雄、ホラズム帝ムハマッドの承認を求め、その他の有力諸侯にも使者を送った。そしてイスマイリの宗教改革の第一歩としてシャリーア（律法）の復活を七十年ぶりで行なうことになり、同時にモスクを復興し、イラクやホラサンから著名なスンニ神学者、律法学者をアラムートに招聘した。もともとシーア宗に起源を有するイスマイリにとってこれは革命的な宗教改革といえる。アラムートにとってシーア宗のシャリーアを復活するのであったら、大した問題はなかったにちがいない。しかし対立関係にあるスンニ・シャリーアを採用したのであるから事は重大であった。ハサン三世はスンニ・シャリーアの採用を決定すると同時に、自分の母親をメッカ巡礼に出した。かの女は多額の施捨用の金品を携えて巡礼に旅立ち、バグダードのカリフによって厚く遇され、女としての最高の名誉を与えられた。これに対してはシーア宗の間に反対する者もあったが、スンニ宗側ではこぞって歓迎を示した。

ハサン三世はバグダードとメッカにおいてかれの宗教改革が承認されると、つぎはアラムートに最も近く、しかも最も反イスマイリであるスンニ宗のカズヴィンにかれの改革を承認させるために、カズヴィンから数名の著名な学者をアラムートに招待した。ハサンはかれらの面前で、有名なアラムートの図書館に蔵されている異端の書を焼いて見せた。同時にかれは祖先に当たるアラムートのイマームを呪詛し、これらのイマームとの絶縁を宣言した。

スンニ宗徒は、在来のニザリの悪業――スンニの立場から見た――に対してははなはだしい憎悪の念をいだき、かれらの行為からみてニザリの改宗を容易に信用しなかったが、政治的な立場からはこれを歓迎せざるをえなかった。他方、クーイスタンとシリアのイスマイリはアラムートの改宗にならって直ちに改宗した。

ハサン三世の改宗宣言は成功だった。かれはアラムートのイマームとして二カ年にわたり諸地方を巡錫したが、スンニを含む多くの教徒、王侯に歓迎された。しかしアラムートのイマームに対するイスラム教徒一般の態度は改宗そのものに対する歓迎というよりは、むしろ強力なニザリ・イスマイリ共同社会がスンニ陣営に投じきたったという政治的考慮によったものである。キヤーマはある程度にはスンニの一般信徒のうちにも浸透したではあろうが、それが少数に留まったことは事実である。

スンニへの改宗によってニザリはイスラム大衆にとっていっそう近づきやすいものになった。これがハサン三世治下においてニザリ教団がようやく国家としての形体をとるようになった原因である。

しかしニザリ教徒一般としては、かれらの過去の勢力、権威、そして選民としての誇りは容易に捨てがたかった。ハサン三世の時代におけるニザリ教団は、その信条弘布の手段としての暗殺を放棄し、正規の軍隊を使用するようにはなったが、多くの者は必要がある時には暗殺を政治的手段として使用することは正当であるという観念は捨ててはいなかった。戦争が政治の一手段であるならば、暗殺もまた政治の一手段である。こういう考えは中世社会では別に珍しくはない。

＊

ニザリの伝統的な思想と行為は、すくなくとも表面はスンニ宗と共存できた。しかし実際には必ずしもそうではなく、依然として暗殺も行なわれ、シャリーア（律法）も完全に実施されたわけではない。キヤーマ（復活）は他のイスラム神秘派——スーフィ——の考えるような個人の魂の救いの問題ではなく、宇宙的、世界的次元における問題であった。

ハサン三世のスンニへの改宗は、当然キヤーマ（復活）とサトル（律法の施行）はその時その時のイマームの意志によるということを意味する。従ってこの場合カーイムは通常のイマームとは異ならざるをえないことになる。すなわちカーイムは本質的にはイマームではあっても、イマームよりもいっそう上位の存在でなければならない。換言すれば、イマームはカーイムたりうる性質を享受しているが、同時にキヤーマにおいて、またその欲する時において、カーイムたりうるものである。そしてハサン三世の代はイマームが世の中には現われない時代、すなわちサトルの時代であり、シャリーアが施行さるべき時代であると説明された。

ハサン三世治下のニザリ教国においては、このようにカーイムの解釈が変り、従ってサトルの意味も変らざるをえなかった。サトルはもともと律法の是認、施行を意味したが、いまやイマームの不在およびその結果としてのスンニ律法の施行と解釈されるようになった。換言すればニザリは総てか、無かの思想に踏み切った。これはニザリ・イスマイリ思想の当然行きつくべき結論にちがいない。

ムハマッド・ビン・イスマイリとその後裔はサトルの時に会すれば、イマームとしてこの世から隠れた。ただし理論的にはイマームはその信者には明かされていたということになる。ニザルとその子がサトルにあたる時代には、完全に何人からも隠された。一二一〇年、すなわちハサン三世即位以後のサトルの時においては、イマームは何人からも隠されなかったが、その真の性質は隠されていた。

こうしてキヤーマ（復活）とサトル（律法の施行）の時代が交互に繰り返される。そして預言者ムハマッド自身サトルの時代をもたらし、そのサトルはいま（イスマイリ時代）もなお継続している。そしてそれは一千年間にわたりイマームからイマームへと継承されていく。預言者ムハマッドはシャリーアの時代を終結し、キヤーマの時代を開く預言者で、キヤーマはキヤーマのカーイムであるイマームによって実現される。預言者ムハマッドは従ってキヤーマの到来前の半日間、すなわち人間の暦法では五百年の間だけ墓のうちに横たわる。キヤーマはムハマッドの死後一千年目に実現する。換言すれば、キヤーマはムハマッドのシャリーア時代ののちに始まる。かれはキヤーマに導き、その時にはイマームが顕現する。ムハマッドはかれ以前の預言者たちよりも明白に預言し、その預言をイマームに托し、そしてシャリーアとキヤーマとを結合する。このイマームは地上における神ではなく、地上のイスラム共同体の首長である。

ハサン三世の思想はこのように全体としてのイスマイリ思想とは矛盾するものではなく、その当然の発展と見なしてさしつかえない。そしてサトルによってイスマイリ思想は再びイスラム世界全体と結びつけられることになった。

このようなニザリ・イスマイリ派とスンニ宗との結合は、キヤーマにイスラム大衆を近づける作用を果したといえる。ニザリにしてみれば、スンニは強大な対抗勢力である。スンニを屈服せしめることもできなければ、それを無視することも不可能である。そうすれば、現実の問題としてサトルの思想はこの困難をすくなくとも理論的に解決する一つの方法であった。そして実際上もハサン三世は政策的にスンニとの接近の方向に動いていったのである。

14

ニザリ城塞の遺蹟

カズヴィンはテヘランから西へ約八〇キロのところにある。平坦な草原のまんなかなので、夏はおそろしく暑い。

ニザリの反対派として有名なこの町は、テヘランからイラン第二の大都市タブリズへ通ずる幹線道路に沿い、そこから南西にハマダーンへ通ずる交通路の分岐点になっている。アラムート地方はこのカズヴィンから西北のエルブルズ山脈の山中にある。カズヴィンからアラムートに入るには、まずこの町の北に連なるタラガン山脈を越えなければならないが、この山の峠から北がアラムート地方といわれ、タラガン山脈を降ると盆地があり、それをタラガン河が西北に流れ、東から流れ下るアラムート河と合流している。

カズヴィン平原の中心地であるカズヴィンの市民と北方のアラムート、ルードバールに棲む部族とは歴史的につねに不和であった。これはユーラシア大陸——イギリスも例外ではない——を通じて見出される高地人と低地人との間の対抗、闘争の現われの一つである。カズヴィン市民は山地人を野蛮蒙昧で危険な未開民と見なし、山地人は低地人カズヴィン市民を柔弱、遊惰な民と軽蔑している。だからここの高地人と低地人の間には平常あまり交渉はない。ただアラムートやルードバールの住民は食料、衣料の一部、その他を低地のバザールから購入するのと、この地方の不在地主でカズヴィンに住む者があるぐらいなものである。またカスピ海南岸のマザンデラン地方からカズヴィンに輸入されるコメはアラムートの山岳地帯をロバの背によって運搬されてくる。

カズヴィン郊外の崩れた城壁の間を過ぎると、この平坦なオアシス都市の姿はまもなく草原の空を覆う砂霧のうちに消えてしまう。カズヴィンの東北一〇キロほどのところにアシュニスタンという村がある。この村のあるあたりはもう丘陵地帯である。村の水はペルシアでカレーズと呼ばれる地下水道によって付近の丘陵から供給される。イランから東、中央アジアまではカレーズといわれ、シリアやイラクではカナートと呼ばれている。

*

カレーズの建設は極めて熟練を要する仕事で、一般の農民の手におえるものではない。カレーズ職人は一般にムカッニー、時にはチャークーといわれて、その多くはこの職業を世襲にしている。いろいろな秘訣があるからである。かれらは普通大きな町に住み、頼まれるとカレーズづくりに方々へ出かけていく。

カレーズを掘るには、まず付近の丘や山腹で地下水脈を見つけることが必要である。ところがこれが問題で、どうして地下数メートルにある水脈の所在を探り出すかがこれらのムカッニーたちの秘訣である。こうして地下水のあるところに竪坑を掘って水面に達すると、つぎに水を導くべき方向にむかって十数メートル乃至二、三十メートルの間隔で同じような竪坑をいくつも掘る。第一号竪坑から第二、第三と坑の深さはしだいに浅くなる。

そしてこの竪坑の間を横坑でつなぐ。こうして地下水をしだいに低いところに導き、ついに地表に出る。竪坑で深いものは一〇〇メートルを越すものもある。水源からオアシスまでの距離も、ながいものになると数キロに達する。この一つ一つの竪坑の口のまわりには土を積み上げて、砂や土がカレーズに入るのを防いでいる。カレーズが完成しても口をふさがないのは、時々カレーズ内を掃除したり、修理する必要のためである。

カレーズの末端が地表に近くなっているところには、時には大きな地下プールがある。そこにはシル・モーイ（乳の魚）という白い魚が泳いでいるが、小骨の多いまずい魚である。このシル・モーイには眼がないといわれている。もちろん伝説であろう。

カレーズの起源はわからないが、おそらく数百年か、千年以上も溯るものであろう。カレーズの建設には、いま述べたようなかなり高い技術と熟練を要するので、大きなカレーズには必ずといってもよいほどに口碑、伝承の類がつきまとっている。たいていは何百年か昔に何とかいう聖者が住民の便利のためにカレーズの地下水源を教えてくれたということになっている。

*

アシュニスタン・オアシスのまわりには赤や白や紫の野草が咲き誇っているが、西につらなる連峰の頂上は雪で覆われている。ポプラに取り囲まれたチャイ・ハーナ（茶店）で休み、茶を飲み、パラオを食べながらハエの大群に襲われて閉口している時、かなた遥かに雪を戴く高山を眺めると、やはりあの雪山の向うにはパラダイスがありそうな気がする。乾ブドウがたくさんはいったパラオとやわらかいヒツジのカバーブとバターをたっぷりまぶしたパラオはおいしかった。いまのただ一つの願いは、早くあの雪山の冷たい大気を思い切り吸いたいということだ。

このアシュニスタンから西北方にかけて緑の小さな点が、一面褐色の広漠たる土地に島々のように浮いて見える。みなオアシスである。これらのオアシスの一つ一つはポプラやヤナギやクワの木などにかこまれ、そのまわりには畑やブドウ棚があり、畑には黒いコブウシが鋤を牽いている。オアシスとオアシスの間にひろがる草原の草は、夏のはじめにはもうほとんど枯れかかって、黄色くなっている。ただ花だけがあでやかな色彩をくっきり目立たせている。

アシュニスタンの付近にはマザールがある。聖者の墓である。小さな土の祠で、低い土塀で囲まれ、境内にはたくさんの竿が立ちならび、その一つ一つに青、赤、白その他色さまざまな布が結びつけられ、風にはためいている。

オアシスの中心にある村の家々は長屋のようにくっついて建てられ、出入口にはアーチの門があり、村に足を踏み入れると、両側は木の門があるだけで窓のない壁であるから、あたかも濠の底を歩いている感じである。家のまんなかに庭があって、それをとりまいていくつかの部屋がある構造になっている。しかし家の構造は山地になるとちがってくる。

アシュニスタンの村を出てまもなく突然青々とした景色は一変して荒涼たる起伏地に入り、谷間に沿って人間や家畜によって踏みかためられた道が通っている。谷に向っている大きな岩の上に、頭の平たい、黄色の眼をした大ワシがとまっている。その下の斜面はキンポウゲのような花におおわれ、小さな水の流れが谷底の河原に消える。

もう高地人、山地族の境域である。鉢のような黒いフェルト帽をかぶり、だぶだぶのズボン、フェルトを革でとめた靴をはき、杖を持って、ヒツジやヤギを追ってくる牧人に会う。背が高く、黒い髪が帽子からはみ出している。顔は赤銅色に日焼けしているが、眼は鋭く、鼻が高いが、ワシ鼻ではない。

数頭のラバの背に荷物をつけたカラヴァンに会う。マザンデラン産のコメをカズヴィンに運び、帰りには衣料、ランプ、灯油、ローソクなどをもって帰るのである。かれらも高地人だが、エルブルズを横断、往復する商人たちなのである。

その日の夕方、山脈の麓のダーストギルドという村に到着する。このあたりでは高度もだいぶ増し、振り返ってみると南にカズヴィン平原が海のように平坦にひろがっている。

この村は小さなオアシスで、用水がすくないらしく、ブドウやアンズの樹もみな丈が低く、成長がわるい。この貧乏な村にはヒツジのカバーブもなく、痩せたニワトリが唯一のご馳走である。

つぎの行程は登り路である。谷間の路をチャーラ峠目指して登る。この峠の高度は二三〇〇メートルである。谷の傾斜地にも土はきわめてすくなく、ところどころイバラの類と草花が見えるにすぎない。村も部落もなく、人影はみえない。牧羊人に会うのみである。チャーラ峠がカズヴィン地方とアラムート地方の境界をなしている。ここからかつてのニザリ暗殺者の王国に入るのである。

「暗殺者の谷間」が山の北側に遠望される。タラガン河はアラムート河と合流してシャー・ルード河になり、さらに西に流れる。東はエルブルズの群峰が連立するうちに、タクト・イ・スレイマン（ソロモンの王座）峰がひときわ高く聳え立っている。その白雪を戴く山頂は、群臣を従える帝王のように、厳しい威容を具えて群峰に臨んでいる。

このエルブルズ連峰の北にサラムバール峠があってカスピ海岸への通路をなしている。これらの諸山は東から西へと高度を減じてアラムート盆地に続く。従ってアラムートの東、北、南は急峻な山腹の傾斜地にとりかこまれ、西側に向って低くなり、ルードバールの丘陵地帯に続くのである。だからルードバール地方から北してカスピ海沿岸に出るのや、逆に南してカズヴィンに達するのは、それほど困難ではない。

峠を降りかかると、冷たかった大気はしだいに重苦しくなり、温暖になる。山腹にはヤギが放たれ、ゆるい傾斜地の所々は耕されている。チャーラ村はムロノキにかこまれた小さな聚落である。そこでは急な斜面に沿って段々に家が建てられ、下の家の屋根が上の家の前庭になり、村には門も土壁もない。傍を白い泡を立てている急流が走り、下のシャー・ルード川に落ちこむ。小さい村だが、やはりモスクがある。この地方一帯はアラムートと呼ばれており、多くの村や聚落が散在しているが、アラムート村というところもなければ、アラムート城と呼ばれる城の遺蹟もない。河だけはアラムート河と呼ばれている。

＊

アラムートの村々はかなり貧困である。比較的平坦な土地にある村でも、部屋が二つきりの家が大部分で、外の部屋には男、奥の部屋には女が寝る。しかし女部屋は同時に穀物置場で、男部屋には冬は家畜が同居する。冬以外の時には、男は屋根の上に寝るし、同時にそれは家族の居間であり、食堂でもある。いくらか余裕のある家には、土地でこしらえられる粗い絨緞が敷かれ、いくつかの銅か、アルミニウム製の皿と木の皿と陶器が部屋の隅におかれている。それに一個のサモワールがあり、蒲団が幾組かつまれている。

夕方になると家族は前庭に集まり、食事をし、終ると男たちは陶製の水パイプで煙草を吸いながら雑談する。この煙草には「山の長老」時代のハシーシュがいくらか混ぜられていることもある。この地方の冬はきびしい。雪がつもり、水は凍る。山に食物がなくなったクマ、オオカミ、キツネなどが里に近づきイヌと闘いをはじめる。

南の地方では、地方の村に行っても、すこし富裕な家の女はよく銀飾りをつけている。その一部分は古代のアケメネス王朝やササン王朝の墓から盗掘したものであるが、アラムートにはそんなものはなく、女たちがつけているのはガラス玉か陶製である。

アラムート河の岸にはいまでも煉瓦の橋脚の一部が残っている。そのあたりの流れは激しく、濁流が渦巻いている。アラムートの谷間に通ずる道は地勢を利用して巧みに隠蔽されている。流れに沿って岩石から岩石を伝わって、懸崖の下を行くのである。こうして四、五キロ進むと、アラムート峡谷の最南のオアシスにつく。このオアシスの名前はバーダーシュトである。正しくいうと、バーグ・ダーシュトで「荒れ地の花園」という意味である。バーダーシュトにはいる手前の丘には、小規模ながら城寨の遺跡が見える。急な坂のところどころには、バラとジャスミンの花が香りをはなっている。

バーダーシュト・オアシスはヤナギとポプラに囲まれ、アラムート河の赤土の崖と白い小石の河原とは対照的な色彩である。しかしまもなくシャーラック村につく。この村はいっそう緑にみちている。そこにはカシノキの林もあり、ブドウ園もある。緑の牧地は緩い傾斜をなしてシャーラックに続き、牧地の縁にはポプラの並木がならんでいる。

こういう険阻な地方では、交通路は平地とちがって昔からあまり変わるものではない。西のハマダーンからザグロス山脈を越えてバグダードへ出る道でも、東のライからカスピ海に通ずる道路でも、みな古代アケメネス朝以来の交通路である。もっと東のインドからトルキスタンに通ずる道もアレクサンドロス大王以来、ひとしくカーブル盆地からゴールバンド渓谷に沿ってヒンズークッシュ山脈を横断している。ハサン・イ・サバーがアラムートを奪う意図を抱いてこの地方にやってきた時にも、この同じ道を通ったにちがいない。アラムートのイマーム「山の長老」に貢物を運んでくるエジプトから、シリアからの使節たちもそうであった。遠いインドや中国からくる者も同じである。

しかしいまではニザリ派のイマームとその巨大な城、豪奢な生活、万巻を擁する大書庫、その家来たち、暗殺者、学者たちについてはなに一つこの谷間には伝わっていない。現在残っている伝説は、すべてシーア宗に共通のイスラム伝説か、もしくは古代ペルシアに伝わるマザンデラン深林に棲む悪魔や、それと戦った古代の王や英雄の物語だけである。ハサン・イ・サバーとその後継者たちについては、住民はなに一つ知らない。

シャーラックから河に沿って上ると、まもなく左岸にマームーダバード村がある。この村の対岸にシュトゥール・ハーン（ラクダ王）という村がある。この辺にしてはおかしい名前である。ラクダはこのあたりにはいないからである。ハーンということばもペルシア語ではなく、トルコ語か、モンゴル語である。シュトゥール・ハーンのすこし北にハシール・ハーンという聚落があり、その北に船の形をした巨大な岩山が谷間から天に向って突出している。これ以外に中世の記録に見える「山の長老」の城の記述に当てはまる遺跡は見あたらない。土地の者はこの山城をアラムートの岩山と呼んでいる。

*

アラムート河に北から直角に注ぐハシール・ルード河に沿って美しく、豊かな牧地が山城の麓までひろがっている。遺跡からは眼下にこのゆるい傾斜の牧地と、その向うにある河と通路を一望の下に見ることができる。城の背後は重畳たる山岳である。この城にはハシール・ハーンの方面から近づく以外に途はない。

『ペルシア最大の歴史家といわれる『集史』の著者ラシード・アッディンも若いころ、アラムートを訪れたことがあると伝えられる。チンギス・ハーンの歴史を書いたジュワイニ、百科全書学的な万能学者トゥシもこの美しい牧地に立って「山の長老」の城を見上げ、驚嘆したにちがいない。しかしいまの住民、暗殺者国の民の子孫たちは何も知らない、「山の長老」の悪業も栄光も。

「山の長老」のこの城塞をアラムートと呼んでいたのは、この土地の者ではなく、外界の人たちであった。この地方ではそれをハシール・ハーンの城、あるいはただ城といっている。アラムートという名称はアラムート河流域一帯の地名である。名前の問題は別として、アラムートの山城にはある種の妖気が漂っている。山城の背後に聳えるハウデガン山は花崗岩の懸崖で、その裾には頁岩《けつがん》の傾斜地がある。上の方に泉がある証拠には、所々に緑の点が見える。城塞の用水はこの泉に仰いでいたことは確かである。

山城の東と西の麓にはハシール・ハーンの二条の水流が流れている。城に登る路は東方しかなく、城とその背後の荒涼たる山岳をつなぐ一条の脊梁の彼方には一つの緑の点さえもなく、すべて紫と灰色と黒に塗りつぶされた山地である。城の東側の急な崖には微かに階段の痕跡が見える。その高さは三〇〇メートルに近い。アラムート河の対岸には遥かにエルブルズ連峰が東に聳え、シール・クー（ライオン山）の彼方にはチャーラ峠を囲む山々が望まれる。城塞の胸壁は荒廃した遺跡に亡霊のようにたたずみ、その下にひろがる傾斜面には真紅のチューリップが咲き乱れ、不思議な、夢のような感覚をそそる。崩れかけた城壁は巨大な巌石に沿って走り、昔日のこの城塞の規模を示している。全体としての城の面影はいまは見る影もないが、その下部には居住址や水槽の跡が認められる。

村民の間に伝わる説話によれば、この城には口から火を吐く七頭の巨大なクロイヌが棲み、それは空中を飛んで、近づく者を脅かし、城の宝を守護していたという。イマームが植えたといわれるバラは、いまもところどころにその高い香を放ち、アラムートの過去の栄華の跡を思い出させる。

アラムートの「暗殺者の谷間」ではコメが栽培され、ところどころにはこんもりしたカシノキが茂っている。谷間の土は黒々として肥沃で、その大気は香気にみちみちている。ムギ畑の間にはバラ、ブドウ、アザミなどの叢が生い茂っている。水は豊富で、幾条もの細い水路が縦横に走って、村の家々や田畑に水を供給する。そこここからは名も知れぬコトリの鳴き声が聞えてくる。魅惑するような牧歌的風景である。

しかしこの谷間は、現実にはそれほど健康なところではない。住民の大部分はマラリヤに冒されている。この谷間は高地にあるハシール・ハーンやガルム・ルード（温い川）に較べると不健康な土地である。高地ではコメの栽培はできない。谷間全体としては茶、砂糖、灯油のようなものを除いては、独立した生活を支えるに足る必需品は自給できる。

シュトゥール・ハーンからさらにアラムート河について溯るとザヴァラック村がある。この辺で谷間はやや狭くなり水流は急である。峡谷の左側には巨大な岩壁が聳え立ち、その高さは七、八〇〇メートルにも達する。その岩山の一つの頂上に古城が望見される。村民はネヴィサール城と呼んでいる。右方遥かにエルブルズ山塊の高峰が遠望され、山頂の雪線が終ると鮮やかな緑の森林地帯になり、白と緑のくっきりとした対照が印象的である。

ガルム・ルード河は高い懸崖に囲まれて昼もなお薄暗い陰気な土地である。上を見ると青空は一筋の帯のように見える。眼下にはアラムート河が白い泡を立てて流れ下っている。村は急斜面に沿って建てられている。ここがアラムートへの関門であった。マルコ・ポーロが「山の長老」の城と花園について、

「この美しい谷間にはいるには『山の長老』の許しなしには、道を見つけることはできない」といっているその秘密の入口にちがいない。そこには高さが一〇〇メートルもある一枚岩が重なっており、頂上には堅固な砦があって、この通路を監視しているのである。

ネヴィサール古城に登ったことのある村民はすくない。旧式な先込め銃を持つ猟人が野生ヤギを射ちに行くぐらいのものである。古城への道は野草に覆われ、曲りくねった急な小径を辿るよりしかたがない。城のうちには墓がいくつかある。守備兵が埋められているにちがいないが、盗掘の痕跡が見られる。曲り角を通るには四つんばいにならなければならない。ガルム・ルードを見おろすと、その向うはこの陰気な日蔭の部落以上に荒涼たる地面が広がっている。足もとには釉薬《ゆうやく》のかかった陶片が散乱している。アラムート城で見つけたものと同一のものであった。部落から七、八〇〇メートル以上もあるこの廃墟で十三世紀時代の陶片を見ると、慓悍なモンゴル兵や、それに最後まで抵抗を試みたニザリの狂信者たちの幻影が眼に浮かぶ。

城址には壁の一部が残っているだけである。胸壁の上部には窺き孔が穿たれており、その内側には石片が散乱している。城中の最も高い部分には、ちいさないくつかの家屋の跡がある。ここはすくなくとも標高三〇〇〇メートルを越している。この荒廃のうちには、もしその歴史を知らないならば、なんらの興味をそそるものはない。しかし一度、ロマンティックな「山の長老」とその部下の狂信者——夢の楽園のために身命を賭した人たち

——とあくまでも現世的なモンゴル征服者に思いを馳せるならば、身ぶるいをするようななまなましい歴史を眼前に髣髴とすることができるであろう。

「暗殺者の谷間」にはいる入口を、モンゴル人がどうして発見したかということについては、史料はない。エルブルズ山脈の南を東西に走る交通路は、中央アジアと西アジアを繋ぐ古代からの大幹線道路である。それはいわゆる「絹の道《シルク・ロード》」を西アジアに繋ぐ交通路であった。しかし当時この交通路とカスピ海沿岸とを結ぶ路はなかった。十六世紀にサファヴィ朝のシャー・アッバスがはじめてカスピ海南岸に沿う道路を建造した結果、この穀倉地帯と北イラン高原の諸都市とを繋ぐエルブルズ山脈横断道路が必要になり、西のサーフイド・ルード河と東のパーラーヴィ河峡谷に沿う南北の交通路が開拓されるようになった。古来、北方からペルシア北部の都市を奇襲するには、カスピ海沿岸から山脈を越えてエルブルズの南側に出るのが最も隠密な方法であった。しかし北側の鬱蒼たるジャングルに覆われ、険阻きわまりない山地を経て大兵を動かすには、この地帯の交通路に関する充分の知識が必要である。

北東から侵入するモンゴル軍が、どうしてこの地方の地勢や情勢を知りえたのだろうか。この書のはじめの方に書いたように、かれらはどこかへ侵入する前にはまずその地方に関するかなり詳しい情報を蒐集した。しかもモンゴルのペルシア侵入はすでにチンギス・ハーン時代からはじまり、その後も北ペルシアには常にある程度の兵力を駐屯させていたことから見て、キドブハによる最初の本格的なイスマイリ征伐の以前に、すでにこの地帯についての相当な知識と情報をえていたと考えてよいであろう。しかしそれでもかれらはアラムート・ラミアッサールの攻略には非常な困難を味わわなくてはならなかった。

*

おそらく六、七十にも達したと思われるイスマイリの城塞は、つぎつぎにモンゴルの手に陥っていったが、そのうちで最後まで持ちこたえ、モンゴル軍を悩ませたのはギルドクーとラミアッサールの二城である。これらの城はフールシャーの降伏後、なお半年以上にわたって陥落しなかった。ギルドクーはラミアッサール陥落後もなお頑強に抵抗を続けたが、降伏の原因は食料や水や武器の欠乏ではなく、着る衣服がなくなってしまったことだと伝えられている。ハサン・イ・サバーは自分の妻や娘を他のイスマイリ城塞に送って着物を織らせたということを前に書いたが、どうもアラムートやルードバール地方には食料はかなり豊富であったが、織物は不足勝ちだったらしい。これはこの辺の地勢からみて当然のことと思われる。

ギルドクー城塞の所在については、アラビアの地理学者ヤクートはエルブルズ地帯東端のダムガンから望見できると書いている。しかしいまのところこの城の遺蹟は、はっきりは断定されていない。ラミアッサールは一〇八三年、アラムート第二代の主ブズルグ・ウミッドが占拠したことになっている。ブズルグ・ウミッドはルードバール地方の出身である。ルードバールはシャー・ルード河とキジル・ウスン（赤い水）との流域地帯でアラムート、タラガン両地方の西に当っている。

ラミアッサールに行くには、カズヴィンの東北一〇キロほどのラシュテガンという村から北に向うのである。この村は荒涼としたカズヴィン平原の北部、山脈の麓にあるオアシスである。夏はこのあたりでは、おそろしい暑気に苦しめられる。旅は早朝か、夕方でないと不可能である。ただオアシスのうちだけには、青い草も見られ、小川がポプラやヤナギの茂みのなかを縫って流れている。この小川は近い山地から流れ下っており、それに沿って山を登ると青みをおびた岩石と白い石灰岩に取りかこまれる。ところどころに樹林が斜面に見えているが、家や耕地はない。高度がますと緑は草むらだけになり、美しいチューリップやバラなどの花が荒涼たる風物に鮮やかな色彩をそえている。この峡谷はシャー・ルード河付近でとれるメロンをカズヴィンのバザールに運ぶ道なので、しばしばロバにメロンを載せた農民に出会う。

しばらくの間は眼界が閉ざされて眺望がきかないが、そのうちに突然眼下にシャー・ルード河の峡谷が展開する。その向う側にはぎざぎざした山頂が連なり、東のアラムート地方につながる。しかし最高峰「ソロモンの王座」は霞にかすんで見えない。このあたりでは山はだいぶ低くなっているので、雪を戴く峰は見あたらない。谷間には小川に沿って緑に取り囲まれた部落が点々としている。この辺にはクルド人がかなり住んでいる。

シャー・ルード河に沿って下ると、大気はますます湿気を帯び、マザンデラン的気候になり、霧が多くなる。水田も見える。ハエとカが多い。しかしシャー・ルード渓谷は壮大で美しい景観である。河岸の小高いところに廃城がある。北方からカズヴィン平原への侵入者を見張るためにつくられたものであろう。ここの辺では綿花、ヒマシ油、タバコ、メロン、それにコメもとれる。

シャー・ルード河についてさらに下ると、北東からきて合流するナイナ・ルード河があり、合流点に近いナイナ・ルードにそってルードバール地方の役場のあるシャーリスタンという村がある。この小さい村はカシノキ林にかこまれ、ひっそりとしたところである。そこからさらに進むと二、三キロのところにイマーム・デー(イマームの村)という貧寒な聚落がある。聚落の外辺には古代の墓地から運んできた墓石がならべられている。ここからは峡谷の眺望がよくきく。

イマーム・デーの北には上が平たくなっている丘が連続し、そこから二、三キロの地点にラミアッサールの廃墟がひときわ高くそびえ立っている。

ラミアッサールはこのあたりの村民の間ではよく知られている。この廃墟のなかはいまは牧地になっており、村の子供はヒツジやヤギをつれて早朝に出かけ、夕暮まで古城のなかですごす。

*

廃墟はナイナ・ルード河に臨んでいる。西に連なる丘の一つは狭い山峡で城につながり、山峡はさらに北方の山脈に向って延びている。シャー・ルードとナイナ・ルードの合流点からシャーリスタン村を通り、急な小道を登って山峡に達し、左右の深い崖にはさまれた山峡上の路を辿れば、崩れかけた城門を通ってラミアッサール城にはいる。廃墟の頂上は平坦で、城壁の痕が周囲はわずかに残り、ところどころに崩れかけた塔が立っている。城のほぼ中央に大きな建物の一部が残存する。南に向って傾斜した城の平面は長さ約五〇〇メートル、幅はおよそ二〇〇メートルである。城の西側は懸崖で防備の必要はないが、突出した部分の端には塔が立っている。南と東には石造の塁壁が残っている。攻撃軍が城の下を通ると、その兵力や陣容や進撃方向はひと目でわかるし、隊の側面は常時、城の守備軍に対して曝されることになる。この城寨に攻撃をかける唯一の方向は北からで、山峡を通って城門に迫ることができる。山峡とつらなる部分をさえ厳重に守備しておけばよく、他の方面から攻撃を受ける懸念は全く存在しない。しかしこの入口が陥落すると、城には全く防禦の手段はない。

廃墟のなかには「山の長老」時代の建物のほかに新しい小屋がいくつか立っているが、これはおそらく牧人がつくった休息小屋であろう。ラミアッサール城はモンゴル兵によって破壊されて以後、再び城寨として使用された痕跡はない。地面には無数の陶片が散乱しているが、すべてアラムート城で見出されるものと同様のものである。アラムートは後にしばしば修築されて城寨として使用されたが、ラミアッサールはこれとちがって十三世紀に破壊されたきり、それ以後に復興された痕跡はない。

城の中央部の建物の敷地はほぼ縦横おのおの三〇メートル、二五メートルである。南側の部分は比較的よく残っており、塔と十二の長方形の部屋がある。建物のまんなかを通る廊下の入口はアーチ形の門で、左右に幅二メートル、長さ三メートルほどの部屋がならんでいる。部屋は西アジアでゴンバードといわれている円天井で小さな窓が一つずつついている。壁の厚さは一メートル以上もあり、かなり厚い石を使用している場所も見られる。

本丸ともいうべき頂上の平坦な広場の下にも要所要所には塁壁も残っているが、家屋は跡をとどめずに崩れ去っている。ただ崖の中途に二カ所だけ塔が残っており、内部には龕《がん》も見られる。窓はあるが要石《かなめいし》の代りに石膏が使われている。

この遺跡で最も興味をひかれるのは、用水供給の設備で、かなりよく残存している。北の細い山峡には水路が穿たれ方形の水槽に導かれる。水槽は岩に掘られており、縦横おのおの三メートルと二メートル、深さは二メートルという大きなものである。この種の水槽はいま残っているものだけで三カ所はある。非常の時には、このほかに粘土で水槽をつくったらしい形跡が見える。本丸より下にある突出部にはさらに大きな水槽が一列にならび、大きなものは一〇メートル以上もあり、これらの水槽には一つから他に水を送るための深い溝が掘られている。右のほかに東側の塁の内側にも石をくり抜いた水槽があり、八〇メートル下方に流れる河に通ずる幅一メートルぐらいの急傾斜のトンネルが掘られている。塔や階段は半ば土砂に埋まっていて、到底よじ登ることは不可能である。シャーリスタンの住民はこの水路を「オオカミとヒツジ」と呼んでいる。下の河で皮袋に水を充たし、ヒツジの腹に皮のひもで結わえつけて、ヒツジをこのトンネルに追いこみ、後からオオカミを送りこむ。オオカミがくるのを知って、ヒツジは死にものぐるいでトンネルのなかを駆け登る。こうして河の水を城内に汲み上げたという。

＊

ラミアッサール廃墟の背後の山中には聖者の墓があり、遠方から訪れる巡礼もすくなくないという。この地方はいまこそ人口稀薄であるが、アラムートと同じくかつてはもっと住民が多かったものと思われる。山中にまだ多くの遺跡があるとのことである。ササン朝（三―七世紀）時代には、ルードバールやアラムート地方の高地人がカズヴィン平原のオアシス都市に山を下って掠奪にくるのに、しばしば悩まされた。イスラム時代になってもなお高地人の来襲が繁く、時の政権は山中に討伐軍を派遣したこともすくなくない。十世紀には高地人がカズヴィン平原を征服し、ブーヤ王朝を建設し、進んで西アジア一帯を蹂躙したこともある。シャーリスタンというのは「都」という意味で、その当時の高地人の都であったのかも知れない。ルードバール峡谷はカズヴィンから二日行程の地で、肥沃な土地であるから、当時の高地人の本拠であったことは充分に想像できる。ニザリ・イスマイリがこの地方一帯に勢力を張ると、ブーヤ朝の伝統を継承したと称してセルジューク朝に抵抗し、高地人独特のねばり強さを示したが、モンゴルの来襲に会ってその城寨のすべてを破壊し尽くされ、大規模な殺戮によって人口は激減し、再び昔日の如く西方バグダードのカリフ朝とともにイスラム世界を二分するような勢力を回復することはできなくなってしまった。

旧版あとがき

歴史というものはおもしろいものである。

小さな事件や、ちょっとした人物の事績を追及していくと、時間的にも、空間的にも眼界がしだいにひろがって、ついには世界史に溶けこんでしまう。

わたくしが『元史』のなかで乞都不花《キドブハ》というモンゴル人に関するほんの一、二行の記事を読んだのは、もう十何年か前のことであったが、なにかこの人の名前はわたくしの頭のなかにこびりついて離れなかった。そのうちに他の史料でもこのモンゴル将軍についての記事をすこしずつ拾うことができるようになった。これらの記事は零細なものが多く、伝記を構成するにはすこし不足であった。しかしこの人の事績に関係あるいろいろな事件を調べたり、それらの事実をつなぎ合わせたりしているうちに、空間的には東は中国から、西はエジプトまで、北はモンゴリアから南はインドまでの広大な地域にわたり、時間的には八世紀から二十世紀におよぶながい時代にかけての歴史につながっていることがわかってきた。モンゴル将軍乞都不花《キドブハ》その人の伝記を書くには資料がたりない。しかしこの将軍の活動を中心にモンゴル民族の興亡の一面を描き、奇怪な「暗殺者教国」の歴史を辿ることはできると思うようになってきた。

モンゴル人侵入前夜の西アジアはいわば戦国時代であった。バグダードのカリフ朝はもはや名目的な存在になり、シリア、イラク、ペルシアには諸王、諸侯が割拠し、エジプトには独立のイスラム王朝があり、西方からは十字軍の圧力が加えられていた。この時代にはイスラムはすでにはっきりスンニ宗とシーア宗の二大陣営に分かれ、前者は主としてシリア、イラク、後者はペルシアを中心としていた。またエジプトはシーア宗から分かれたものであるが、それとは別に一派を建てたイスマイリ派の下にあった。

このような宗教的、政治的な対立以外に当時の西アジアには大きな民族的な混乱が起りつつあった。九世紀の半ばごろからカリフ朝をはじめ大小幾多のイスラム国の支配者たちは、西トルキスタンや南ロシア草原のトルコ系遊牧民を奴隷としてさかんに輸入していた。王朝の力が衰えるにしたがって、これらのトルコ系民族——セルジューク、マムルーク等——は奴隷の身分からのし上って、しだいに権力を持つようになり、その武力にものを言わせて、王位を自由にし、あるいは自ら地方の領主となる者もでてきた。

十一世紀の終りごろになると、西トルキスタンのトルコマン人のイル・ハーン（部族の首領）がイラン高原西部に侵入し、あるいは土着の王侯を征服し、あるいはかれらと協約を結んで、遊牧民の国家を建設した。しかしシリア、イラク方面でも、イランでも統一勢力はなく、いわゆる群雄割拠の状態で、つぎからつぎに地方政権は興亡し、交替していった。

十二世紀の中葉にはペルシアの大部分はセルジューク族の支配に帰したが、それはセルジュークの将軍を領主とする幾多の封建領地の集合にすぎなかった。こういう情勢の下に土着、固有のペルシア人の地位は被支配階級にほかならなかった。古い文明を誇り、本来のイスラム教徒であるペルシア人やアラブ人がこのような未開な東北方からの蛮族の支配に甘んじていることはできない。トルコ族の支配に対する反抗《レジスタンス》が起こるのは当然である。

かかるレジスタンスは同時にイスラムの正統派と自称するスンニ宗、またスンニ宗からは異端として排斥されてはいるが、イランで強大な勢力を有するシーア宗に対する反抗に結びつかざるをえなかった。これがイスマイリ派の活動の一つの大きな動因になった。

ニザリ派、すなわちこの書の題目である「暗殺者教国」はイスマイリ派から分かれたものであり、従ってシーア宗の一分派と見られぬこともない。しかしニザリ派は多くのイスラム教徒――スンニ、シーアともに――からはイスラム教ではないと見なされている。いわば異端中の異端というわけである。

ニザリの活躍はめざましかった。強靭な共同体組織とその理論的裏付けとしての整った思想体系を有するニザリ国家に対しては、さすがのセルジューク族も歯がたたなかった。

しかしニザリの首領「山の長老」の権力が強大になるにつれて、この奇怪な国の指導者はしだいに常軌を逸するようになる。権力はさらに大きな権力への欲求となり、ついに西は十字軍を脅かし、東はモンゴルに対してまで一撃の機を覗うようになった。だが勢いに乗ったニザリの行き過ぎは、ついに自らの破滅を招くことになった。

ニザリはモンゴルのために徹底的な打撃を蒙った。これによって西アジアはニザリ「暗殺者」への恐怖から解放された。モンゴルはセルジューク領主を服属し、カリフ朝を滅ぼし、自ら西アジアに君臨することになった。しかしこの強力なモンゴルもまたまもなく衰亡への道を辿っていった。

もともとわたくしは乞都不花《キドブハ》の事績に興味をもったのであって、専門外のニザリ・イスマイリ派の歴史を書くつもりはなかった。しかし書き出すと、筆はそれからそれへと勝手に走り出してしまったので、この小著は「乞都不花《キドブハ》」ではなく「暗殺者教国」になってしまった。わたくしとしてはこの著書はそれでもやはり偉大なモンゴル帝国の運命を、一人のモンゴル人、乞都不花《キドブハ》の生涯に托して見たものと考えている。

一九六四年八月一〇日

岩村　忍

新版によせて

もう五十年近くも昔のことになるが、ロンドン滞在中にチャーリング・クロス街か、どこかの書店で濃い緑色の革で装幀した小型の美しい本が眼についたので、手にとってみると Freya Stark, The Valleys of the Assasins であった。さっそく買い求めて読んでみると、文章が美しいうえに内容も非常におもしろかった。フレヤ・ストーク女史は著名な旅行家で、その近東地方の紀行文は高く評価されているということである。

アッサシンというのはハシーシュすなわち麻薬の一種であるが、それが暗殺者の意味に用いられるようになった。マルコ・ポーロはその旅行記のなかで奇怪な「山の長老」の話を述べて、その本拠はカスピ海西方のハウデカン山脈峡谷地帯のアラムートにあったように記し、またこの中世の大旅行家は「山の長老」の名をアラオッディンとしている。この山脈の高度はかなり高く、三〇〇〇メートルを越す山もすくなくない。現在までに城寨の遺蹟は数十箇所発見されているが、いずれも孤立した川流に近い岡の上に築かれており、特に巨大なのはラミアッサールとマイムンディースである。

イスラム教はスンニとシーアという二大分派にわかれている。この二つの派はイスラム教の歴史のほぼはじめから存在したのであるが、一般にはスンニ派が正統派といわれ、シーア派は教祖ムハマッドのいとこであり、その女婿であるアリーを教祖とするものである。暗殺者教団すなわちイスマイリ派はシーア派の分派で、それは八世紀の中葉に成立したものといわれている。イスマイリ派の布教師は西は北アフリカから東は中国にいたるまでの各地で活動していたが、十一世紀の後半になるとペルシアのハサン・イ・サバーがアッサシンの最高指導者となり、暗殺を政治的手段として組織化し、対抗者を戦慄させた。そればかりでなく近東では十字軍に大きな脅威をあたえると同時に、ヨーロッパ騎士団の組織や戦術にも強い刺戟をもたらした。

しかし一二五六年になると、突如として東方から未曾有の脅威が出現した。この年モンゴルのフラグ・ハーンがペルシアに侵入しアッサシンの根拠をつぎつぎと攻略したが、険阻な地勢と厳重な防備に妨げられてさすがのモンゴル軍も容易に占領できなかった。しかし三年間にわたる包囲攻撃でアラムート城塞の食料が欠乏し、ついに陥落した。モンゴル人は悪名高い「山の長老」ロクン・エッディン・フールシャーを捕えてモンゴリアに送ったが、モンゴル皇帝マングの指令によって途中で処刑された。しかし「山の長老」の系統の一部は西インド（現在のパキスタン）に亡命してイスマイリ教条の弘布に努め、多数の帰依者をえた。

アラムートは破壊され、「山の長老」は殺されたが、ペルシアの各地にはなおイスマイリの信奉者が残存しており、その指導者はアガ・ハーンといった。アガ・ハーンは十九世紀の半ばごろ、ケルマンで叛乱を起したが、失敗してインドに亡命し、ボンベイに本拠を設けて多数の信者を獲得した。アガ・ハーンはイスマイリの情報網によってペルシアと中央アジアに関する事情には詳しかったので、イギリス・インド政庁によって厚遇された。アガ・ハーンは亡命の際に携えてきた金銀財宝とインドのイスマイリ信者の献金とによってボンベイ有数の富豪といわれ、その宮廷は驚くべき豪華なものであった。かれの子たちは「ペルシアのプリンス」といわれ、この一族は特に競馬を好み、駿馬を獲得するためには莫大な金額を惜しまなかった。中国の史料にもイスマイリに関する記事は、すくないがないことはない。その一つは中国のモンゴル王朝である元朝の歴史『元史』に至元十七年(一二八〇年)にチンギス・ハーンの皇子拖雷《トゥルイ》が木剌夷を攻めて破ったという記事がある。木剌夷はムラーヒダ、すなわちイスマイリのことである。

わたくしは歴史の研究者なので、史料を読んでいるうちには、おもしろいこと、不愉快なこと、理解できないこと、奇怪なことなどにぶつかることがしばしばである。しかしいままでのところではもっとも奇怪な歴史といえば、イスマイリであるが、これに関しては多くの西アジア、ヨーロッパ、中国の史料が存在するので、実在の史実として認めなければばなるまい。

一九八〇年一二月一五日

岩村　忍

解説

鈴木規夫

一

本書の著者である岩村忍（一九〇五―一九八八）の最初の著書は、「岩村忍教授著作目録」（京都大学人文科学研究所『東方学報』第四一冊昭和四五年三月）によれば、一九三九年三省堂から発行された『十三世紀東西交渉史序説』である。「多忙なる外交官」である著者が「ポーランドに在留中」に踏査した事蹟や集めた古文書などを基礎に、「欧西文献より観たる蒙古民族の活動」について「堪能なる外国語」を駆使しつつ、「援用の重要記事には「総て詳密な典拠が明示されて」」出来上がった本である、と推薦のために寄稿された白鳥庫吉の序では高く評価されている。

その数年前の一九三二年、岩村は新聞記者としてリットン調査団に同行していたらしい。そして一九四二年、文部省に民族研究所（その外郭団体として財団法人日本民族学協会が創立され機関誌『民族学研究』と附属民族学博物館の経営とを行っていた）が創設されるとそこに勤務するようになる（この文部省民族研究所がいかなる研究所であったかについては、興味深い問題がいろいろあるのだがここで詳述する余裕はない）。

日本敗戦後、「敗北を抱きしめて」混乱していたアメリカ占領期に何をしていたのか詳しいところはよくわからない。だが一九四六年以降もコンスタントに著述は発表しており、たとえば、平野義太郎、岩村三千夫、鶴見和子、陸井三郎、野原四郎と共著で『アメリカの新アジア観』（中国研究所編、潮流社版、一九四八年）を上梓している。

岩村がそこで「アメリカに於ける中国研究の新傾向」を論ずる際に展開している「オリエンタリズム論」は実に興味深い。「……学界間に於ける密接なコオペレーションやコーディネーションが、普段から行われていたからこそ、太平洋戦争中にあってもアメリカの中国研究者たち例えばラティモアやマックガヴァーンのように、その専門的能力を百パーセントに戦争目的のために活用出来たのであろう」（同書一〇四頁）といった指摘は、後のアメリカにおける「地域研究」の実態をよく穿っていく基礎となったにちがいない。

やがて参議院文部専門員を経て一九五〇年には京都大学人文科学研究所教授となる。人文科学研究所はもともと外務省所管の東方文化学院京都研究所であったので、その環境が文部省民族研究所にいた岩村にとってどうであったか気になるところであるが、十数年後には、西域史専門であるにもかかわらずフォード財団の支援で京都大学東南アジア研究センターを立ち上げてその創設期の所長となった。これはむろん一九六〇年代当時のフォード財団が何を目的に出資したのかよく承知した上でのことであろう。

「専門的能力を百パーセントに戦争目的のために活用」しようと日本の軍国主義などに一

体化されてしまっていた戦前の日本におけるイスラーム研究のほとんどは、その「活用」に完全に失敗したため戦後には雲散霧消してしまう。それらが辛うじて何がしかの命脈を保つ契機となるのは、皮肉なことに日本を占領したアメリカによるさまざまなレベルでの財政援助に負うところが多い。それは、ある種の「文明の衝突」論を展開していた戦時中の日本とイスラーム世界との諸関係に、アメリカが過度に敏感であったことにも起因するのかもしれない。アメリカ国内のイスラーム研究も、戦後日本から占領軍が持ち去った数多くの文献とともに、次第に制度化されていった側面があるという。数多くいた日本におけるイスラーム関係の研究者たちがその過程でどのように関わり行動していたのか興味深いところなのであるが、詳細は不明である。ただ、たとえば岩村の場合、戦前及び戦時中とその研究主題を大きく変更することなく、戦後もさまざまな地域への調査活動を展開していたことは事実である。

そこで、まずオタワやトロントで学生時代を過ごし、世界大戦前夜の国際情勢が複雑に交錯していたポーランドなどヨーロッパ地域に長期滞在していたという事実と、「戦前中国にいて中国のイスラーム教徒の実態調査をしたこと」や「アフガニスタンでかなり長い間ハザラ族に残っているモンゴル語の研究調査をしたこと」、「イランのシラズにしばらくいた」ことなどをつき合わせていくと、この『暗殺者教国』の著者自身、実に複雑な人生を送ってきたのであろうことは容易に推測できる。

その一端は、本書冒頭にあるアフガニスタンの「イスマイリ」についてのこんな描写にもうかがえる。

二

わたしが「ハザラの村か」という質問をしたら、このパシュト人は言下に「ちがう」というのである。彫りの深い、鋭い顔つきをしたこの男の表情には不愉快な気持ちがはっきりと浮かんでいた。ハザラがひどく嫌われていることは、わたしももちろんよく知っていたが、吐いて捨てるように否定したかれのことばはちょっと腑におちなかった。／「そいつらはハザラよりもっと下等なやつらだ。みな殺しにしてやるほうが、かえってやつらのためだ」……（本書一六頁）

岩村は文献の中に埋もれているばかりの歴史学者なのではない。その著述に滲み出てくるのは実にアクティヴなフィールド・ワーカーの姿でもある。そして、こうしたまるで諜報活動のような緊張したフィールド・ワークを展開していることもさることながら、観察対象者の微妙な表情の変化にさまざまな含意を読み取ることもよく得意としたようだ。井筒俊彦との対談においても、「……大地主の多いところで、その連中とたまたまシャーの話になると横向いてしまう。彼らは、自分の先祖がササン朝から続いていて、先祖代々の土地を今でももっているから、(新参の外来者である)シャーの土地改革など、全くけしからんと気炎をあげていたことがある……」(『井筒俊彦著作集 別巻』中央公論社、一九九三年、三一八頁)などと語っている。

二〇世紀末から二一世紀にかけてのアフガニスタン情勢を想起すれば、先に引用したパシュトゥーン人の「みな殺し」発言はたんなる比喩でないことがよく分かる。アフガニスタンに侵攻したソ連はいうまでもなく、それに対抗するつもりであったCIAもそうした諸部族に新たな「みな殺し」の道具を供与していたのだが、アフガニスタンにおける部族間宗派間の対立の深さとその複雑さとは半端ではない。九割のスンニー派のハナフィー法学派ムスリムとシーア派ムスリム、いくつかのパシュトゥーン部族、タジク族、イスマーイール派、ブハラユダヤ人、ヒンドゥー教徒、シーク教徒など多くのマイノリティ・グループの興亡で錯綜している地域なのだ。

アフガニスタンに限らずこうした諸民族諸部族諸派の複雑な歴史的重層性が西域・中央アジアには常態である。それを構造的に理解していくことはなかなか難しい。『暗殺者教国』の描くイスマーイール派は、時には調停者、また時には破壊者として西域・中央アジアの諸関係の隙間に出現したので、そうした複雑なこの地域の構造的理解をもたらす触媒となりうるのである。岩村は「旧版あとがき」で率直にそう述べている(本書二一四頁)。もともと岩村が本書で描きたかったのはモンゴル将軍キドブハであった。「もっとも奇怪な歴史」である「暗殺者教国」の盛衰は、いわばその動かしがたい書割にすぎないはずであった。しかし、「キドブハの死は、かれ自身がいったように、フラグ・ハーンにとっては単なる一挿話にすぎなかった。かれの死は事実上、その後のフラグの政策になんらの影響も与えなかった」(本書一四四頁)のであり、この舞台の情景に変化をもたらすのはやはりニザール派だったのである。

三

ならばいっそのこと、フィクションであるとはいえ、アミン・マァルーフが『サマルカンド年代記』(牟田口義郎訳、リブロポート、一九九〇年)においてアサッシン教団の創始者ハサン・サッバーフの姿を描き出したように、本書でニザール派のアッラー・アッディーン・ムハンマド三世やその息子ルクン・アッディーン・フールシャーなどの物語が織られていれば、という思いを私は禁じえない。それは本書自体が予め一つの創作であるかのように、文体もそれぞれ異なって、複数の語り部による挿話のアンソロジーのような構成をもっているからにほかならない。

著者の意図がどうあれ、本書が少なくともイスマーイール派について日本語で読める数少ない文献の一つであることにかわりはない。きっとファハド・ダフタリーの浩瀚な『イスマーイール：その歴史と教義』(Farhad Daftary, *The Isma'ilis : Their history and doctrines*, Cambridge University Press, 1990) の翻訳もいずれ出版されるにちがいないが、本書がちくま学芸文庫に入って入手しやすくなれば、今後もこれが日本語で生活している人々のイスマーイール派への最初のイメージを作っていくことになることは必定である。

むろん、すでに初版から半世紀近く経っている本書のあちこちには、その半世紀間の研究上の成果を踏まえてみると、不十分で不正確な個所が出てくるのは当然だ。また、「援用の重要記事」には「総て詳密な典拠が明示されて」出来上がっているべきであるのに、注記も参考文献一覧もない本書が、そのスタイルの故に非難をあびることもあるかもしれない。本書のイスラームそのものの基本認識についても、現代の日本ではある種のズレが生じているといえる。また、E・W・サイードのオリエンタリズム批判をすでに経験してしまっている以上、その点からも気がかりな部分が読者の目には多々あるにちがいない。

そうした諸々を大目に見てもなお、日本の読者に歴史的事実としてのイスマーイール派の存在への注意を向けさせることに成功している本書の意義は薄れることはない。

ただ、本書におけるイスマーイール派の思想的神学的諸問題への記述は、どうしても分かりにくい。というより、やはり何かが足りない気がする。とりわけ本書の「13　ニザリ思想の系譜と展開」における議論は、その翻訳調の文体に加えて、イスラームの「正統」そのものが何であるのか、読者にはよく分からないままに、「異端」が何であるのかが論じられているのであるから、なかなかついていけないにちがいない。

教会という組織も公会議という制度ももたないイスラームには、そもそも正統も異端もない。だが、岩村も「スンニ」=「正統」、「シーア」=「異端」、「イスマーイール」=「異端の異端」という図式的認識で記述しているところが多いので、クリスティアニティにおける「正統と異端」のイメージにどうしても引き摺られてしまう。宗教は一般に顕教的部分と密教的部分との一体化（顕密一如）で成り立つのだが、その密教的な部分の記述があたかも「異端」であるかの如くに映るという場合もあるので注意を要するのである。たとえば、本書の次のような記述をみてみよう。


イマーム一身に権力が集中され、以下能力に応じて固定した階層に所属する個人はおのおのその分に応じた地位におかれる。しかしイマーム以外は天賦と努力によって階層を上ることができる。こういう組織は、近代的なことばでいえば一種のエリート制度でもある。この点でスンニ宗の信者平等主義とはまさに対蹠的である。正統スンニにおいては絶対神アラーの前にはいかなる人間も――能力、才幹、地位を問わず――すべて同一である……

（本書一五九頁）

あったといえよう。それは Freya Stark の *The Valleys of the Assassins* が「一つの愉しみ」として書かれたのと同じであるのかもしれない。

＊なお、イスマーイール派に関する情報は以下のサイトからも入手可能である。

http://ismaili.net/breview.html

http://www.hal-pc.org/~amana/ismaili.html

（政治哲学・国際関係論）

本書は、一九六四年に筑摩書房よりグリーンベルト・シリーズ『暗殺者教国——中央アジアを震撼したある回教国の歴史』として刊行され、一九八一年にリブロポートより『暗殺者教国——イスラム異端派の歴史』として若干の写真を付して新版、刊行された。本書は新版をもとにしている。

憲法で読むアメリカ史（全）　阿川尚之

建国から南北戦争、大恐慌と二度の大戦をへて現代まで。アメリカの歴史は常に憲法を通じ形づくられてきた。この国の底力の源泉へと迫る壮大な通史！

増補 魔女と聖女　池上俊一

魔女狩りの嵐が吹き荒れた中近世、美徳と超自然的力により崇められる聖女も急増する。女性嫌悪と礼賛の熱狂へ人々を駆りたてたものの正体に迫る。

中華人民共和国史十五講　王丹　加藤敬事訳

八九年天安門事件の学生リーダー王丹。逮捕・収監後、亡命先で母国の歴史を学び直し、敗者たちの透徹した認識を復元する、鎮魂の共和国六〇年史。

ツタンカーメン発掘記（上）　ハワード・カーター　酒井傳六／熊田亨訳

黄金のマスク、王のミイラ、数々の秘宝。エジプト考古学の新時代の扉を開いた世紀の発見の全記録。上巻は王家の谷の歴史と王墓発見までを収録。

ツタンカーメン発掘記（下）　ハワード・カーター　酒井傳六／熊田亨訳

王墓発見の報が世界を駆けめぐり発掘された遺物が注目を集める中、ついに黄金の棺が開かれ、カーターは王のミイラと対面する。　（屋形禎亮）

王の二つの身体（上）　E・H・カントーロヴィチ　小林公訳

王の可死の身体は、いかにして不可死の身体へと変容するのか。異貌の亡命歴史家による最もラディカルな「王権の解剖学」。待望の文庫化。

王の二つの身体（下）　E・H・カントーロヴィチ　小林公訳王朝、王冠、王の威厳。権力の自己荘厳のメカニズムを冷徹に分析する中世政治神学研究の金字塔。必読の問題作。全2巻。

世界システム論講義　川北稔

近代の世界史を有機的な展開過程として捉える見方、それが〈世界システム論〉にほかならない。第一人者が豊富なトピックとともにこの理論を解説する。

裁判官と歴史家　カルロ・ギンズブルグ　上村忠男／堤康徳訳

一九七〇年代、左翼闘争の中で起きた謎の殺人事件。冤罪とも騒がれるその裁判記録の分析に著者が挑み、歴史家のとるべき態度と使命を鮮やかに示す。

近代ヨーロッパ史　福井憲彦

ヨーロッパの近代は、その後の世界を決定づけた。現代をさまざまな面で規定しているヨーロッパ近代の歴史と意味を、平明かつ総合的に考える。

売春の社会史（上）　バーン&ボニー・ブーロー　香川檀／家本清美／岩倉桂子訳

売春の歴史を性と社会的な男女関係の歴史としてとらえた初の本格的通史。図版多数。「売春の起源」から「宗教改革と梅毒」までを収録。

売春の社会史（下）　バーン&ボニー・ブーロー　香川檀／家本清美／岩倉桂子訳

様々な時代や文化的背景における売春の全体像を十全に描き、社会政策への展開を探る。「王侯と平民」から「変わりゆく二重規範」までを収録。

ルーベンス回想　ヤーコプ・ブルクハルト　新井靖一訳

19世紀ヨーロッパを代表する歴史家ブルクハルトが、「最大の絵画的物語作者」ルーベンスの絵画の本質を、作品テーマに即して解説する。新訳。

はじめてわかるルネサンス　ジェリー・ブロトン　高山芳樹訳

ルネサンスは芸術だけじゃない！　東洋との出会い、科学と哲学、宗教改革など、さまざまな角度から光をあてて真のルネサンス像に迫る入門書。

匪賊の社会史　エリック・ホブズボーム　船山榮一訳

抑圧的権力から民衆を守るヒーローと讃えられてきた善きアウトローたち。その系譜や生き方を追い、暴力と権力のからくりに迫る幻の名著。

アラブが見た十字軍　アミン・マアルーフ　牟田口義郎／新川雅子訳

十字軍とはアラブにとって何だったのか？　豊富な史料を渉猟し、激動の12、13世紀をあざやかに、しかも手際よくまとめた反十字軍史。

ディスコルシ　ニッコロ・マキァヴェッリ　永井三明訳

ローマ帝国はなぜあれほどまでに繁栄しえたのか。その鍵は〝ヴィルトゥ〟。パワー・ポリティクスの教祖が、したたかに歴史を解読する。

戦争の技術　ニッコロ・マキァヴェッリ　服部文彦訳

出版されるや否や各国語に翻訳された最強にして安全な軍隊の作り方。この理念により創設された新生フィレンツェ軍は一五〇九年、ピサを奪回する。

親鸞からの手紙　阿満利麿

現存する親鸞の手紙全42通を年月順に編纂し、現代語訳と解説で構成。これにより、親鸞の人間的苦悩と宗教的深化が、鮮明に現代に立ち現れる。

行動する仏教　阿満利麿

戦争、貧富の差、放射能の恐怖……。このどうしようもない世の中でても、絶望せずに生きてゆける、21世紀にふさわしい新たな仏教の提案。

無量寿経　阿満利麿注解

なぜ阿弥陀仏の名を称えるだけで救われるのか。法然や親鸞がその理解に心血を注いだ経典の本質を、懇切丁寧に説き明かす。文庫オリジナル。

道元禅師の『典座教訓』を読む　秋月龍珉

「食」における禅の心とはなにか。道元が禅寺の食事係である典座の心構えを説いた一書を現代人の日常の視点で読み解き、禅の核心に迫る。（竹村牧男）

原典訳 アヴェスター　伊藤義教訳

ゾロアスター教の聖典『アヴェスター』から最重要部分を精選。原典から訳出した唯一の邦訳である。比較思想に欠かせない必携書。（前田耕作）

カトリックの信仰　岩下壮一

神の知恵への人間の参与とは何か。近代日本カトリシズムの指導者・岩下壮一が公教要理を詳説し、キリスト教の精髄を明かした名著。（稲垣良典）

十牛図　上田閑照　柳田聖山

禅の古典「十牛図」を手引きに、自己と他、自然と人間、自身への関わりを通し、真の自己への道を探る。現代語訳と詳注を併録。（西村惠信）

原典訳 ウパニシャッド　岩本裕編訳

インド思想の根幹であり後の思想の源ともなったウパニシャッド。本書では主要篇を抜粋、梵我一如、輪廻・業・解脱の思想を浮き彫りにする。（立川武蔵）

世界宗教史（全8巻）　ミルチア・エリアーデ

宗教現象の史的展開を膨大な資料を博捜し著された人類の壮大な精神史。エリアーデの遺志にそって共同執筆された諸地域の宗教の巻を含む。

世界宗教史1
ミルチア・エリアーデ
中村恭子訳
人類の原初の宗教的営みに始まり、メソポタミア、古代エジプト、インダス川流域、ヒッタイト、地中海地域、初期イスラエルの諸宗教を収める。

世界宗教史2
ミルチア・エリアーデ
松村一男訳
20世紀最大の宗教学者のライフワーク。本巻はヴェーダの宗教、ゼウスとオリュンポスの神々、ディオニュソス信仰等を収める。（荒木美智雄）

世界宗教史3
ミルチア・エリアーデ
島田裕巳訳
仰韶、竜山文化から孔子、老子までの古代中国の宗教と、バラモン、ヒンドゥー、仏陀とその時代、オルフェウスの神話、ヘレニズム文化などを考察。

世界宗教史4
ミルチア・エリアーデ
柴田史子訳
ナーガールジュナまでの仏教の歴史とジャイナ教から、ヒンドゥー教の総合、ユダヤ教の試練、キリスト教の誕生などを収録。（島田裕巳）

世界宗教史5
ミルチア・エリアーデ
鶴岡賀雄訳
古代ユーラシア大陸の宗教、八―九世紀までのキリスト教、ムハンマドとイスラーム、イスラームと神秘主義、ハシディズムまでのユダヤ教など。

世界宗教史6
ミルチア・エリアーデ
鶴岡賀雄訳
中世後期から宗教改革前夜までのヨーロッパの宗教運動、宗教改革前後における宗教、魔術、ヘルメス主義の伝統、チベットの諸宗教を収録。

世界宗教史7
ミルチア・エリアーデ
奥山倫明／木塚隆志／深澤英隆訳
エリアーデ没後、同僚や弟子たちによって完成された最終巻の前半部。メソアメリカ、インドネシア、オセアニア、オーストラリアなどの宗教。

世界宗教史8
ミルチア・エリアーデ
奥山倫明／木塚隆志／深澤英隆訳
西・中央アフリカ、南・北アメリカの宗教、日本の神道と民俗宗教。啓蒙期以降ヨーロッパの宗教的創造性と世俗化などを収録。全8巻完結。

シャーマニズム（上）
ミルチア・エリアーデ
堀一郎訳
二〇世紀前半までの民族誌的資料に依拠し、宗教史学の立場から構築されたシャーマニズム研究の金字塔。エリアーデの代表的著作のひとつ。

シャーマニズム(下)　ミルチア・エリアーデ　堀一郎訳

宇宙論的・象徴論的概念を提示した解釈は、霊魂の離脱(エクスタシー)という神話的な人間理解として現在も我々の想像力を刺激する。(奥山倫明)

回教概論　大川周明

最高水準の知性を持つと言われたアジア主義者の力作。イスラム教の成立経緯や、経典などの要旨が的確に記された第一級の概論。(中村廣治郎)

原典訳 チベットの死者の書　川崎信定訳

死の瞬間から次の生までの間に魂が辿る四十九日の旅――中有(バルドゥ)のありさまを克明に描き、死者に正しい解脱の方向を示す指南の書。

旧約聖書の誕生　加藤隆

旧約聖書は多様な見解を持つ文書を寄せ集めて作られた書物である。各文書が成立した歴史的事情から旧約を読み解く。現代日本人のための入門書。

神道　トーマス・カスーリス　衣笠正晃訳　守屋友江監訳

日本人の精神構造に大きな影響を与え、国の運命をも変えてしまった「カミ」の複雑な歴史を、米比較宗教学界の権威が鮮やかに描き出す。

空海コレクション1　空海　宮坂宥勝監修

主著『十住心論』の精髄を略述した『秘蔵宝鑰』、及び顕密を比較対照して密教の特色を明らかにした『弁顕密二教論』の二篇を収録。(立川武蔵)

空海コレクション2　空海　宮坂宥勝監修

真言密教の根本思想『即身成仏義』『声字実相義』『吽字義』及び密教独自の解釈による『般若心経秘鍵』と『請来目録』を収録。(立川武蔵)

空海コレクション3 秘密曼荼羅十住心論(上)　福田亮成校訂・訳

日本仏教史上最も雄大な思想書。無明の世界から抜け出すための光明の道を、心の十の発展段階(十住心)として展開する。上巻は第五住心までを収録。

空海コレクション4 秘密曼荼羅十住心論(下)　福田亮成校訂・訳

下巻は、大乗仏教から密教へ。第六住心の唯識、第七中観、第八天台、第九華厳を経て、第十の法身大日如来の真実をさとる真言密教の奥義までを収録。

龍樹の仏教　細川巌

第二の釈迦と讃えられながら自力での成仏を断念した龍樹は、誰もが仏になれる道の探求に打ち込んでいく。法然・親鸞を導いた究極の書。（柴田泰山）

阿含経典1　増谷文雄編訳

ブッダ生前の声を伝える最古層の経典の集成。第1巻は、ブッダの悟りの内容を示す経典群、人間の肉体と精神を吟味した経典群を収録。（立川武蔵）

阿含経典2　増谷文雄編訳

第2巻は、人間の認識（六処）の分析と、ブッダ最初の説法の記録である実践に関する経典群、祇園精舎を訪れた人々との問答などを収録。（佐々木閑）

阿含経典3　増谷文雄編訳

第3巻は、仏教の根本思想を伝える初期仏伝資料と、ブッダ最後の伝道の旅、沙羅双樹のもとでの〈大いなる死〉の模様の記録などを収録。（下田正弘）

バガヴァッド・ギーターの世界　上村勝彦

宗派を超えて愛誦されてきたヒンドゥー教の最高経典が、仏教や日本の宗教文化、日本人の思考に与えた影響を明らかにする。（前川輝光）

増補　チベット密教　ツルティム・ケサン　正木晃

インド仏教に連なる歴史、正統派・諸派の教義、個性的な指導者、性的ヨーガを含む修行法。真実の姿を正確に分かり易く解説。（上田紀行）

密教　正木晃

謎めいたイメージが先行し、正しく捉えづらい密教。その歴史・思想から、修行や秘儀、チベットの性的ヨーガまでを、明快かつ端的に解説する。

増補　性と呪殺の密教　正木晃

性行為を用いた修行や呪いの術など、チベット密教に色濃く存在する闇の領域。知られざるその秘密に分け入り、宗教と性・暴力の関係を抉り出す。

正法眼蔵随聞記　水野弥穂子訳

日本仏教の最高峰・道元の人と思想を理解するうえで最良の入門書。厳密で詳細な注、わかりやすく正確な訳を付した決定版。（増谷文雄）

ちくま学芸文庫

暗殺者教国《あんさつしゃきょうこく》――イスラム異端派《いたんは》の歴史《れきし》

二〇〇一年七月　十　日　第一刷発行
二〇一七年一月二十五日　第二刷発行

著　者　岩村　忍（いわむら・しのぶ）
発行者　山野浩一
発行所　株式会社　筑摩書房
東京都台東区蔵前二―五―三　〒一一一―八七五五
振替〇〇一六〇―八―四一二三

装幀者　安野光雅
印刷所　三松堂印刷株式会社
製本所　三松堂印刷株式会社

乱丁・落丁本の場合は、左記宛にご送付下さい。
送料小社負担でお取り替えいたします。
ご注文・お問い合わせも左記へお願いします。
筑摩書房サービスセンター
埼玉県さいたま市北区櫛引町二―六〇四　〒三三一―八五〇七
電話番号　〇四八―六五一―〇〇五三

ISBN4-480-08656-0 C0122